kosmos

W0471989

Susanne Bruns

Was Großvater noch wußte II

Susanne Bruns

Was Großvater noch wußte II

Unter Mitarbeit von
Kaspar Huche

Franckh-Kosmos

Impressum

Mit 15 Farbfotos von: Johannes Apel, Baden-Baden: 18 o., 35 o.; Rolf Bühl, Stuttgart: 56 o. l., 56 o. r.; Reinhard-Tierfoto, Heiligkreuzsteinach-Eiterbach: 17, 18 u., 35 u. l., 35 u. r., 36, 37, 38, 55; Jürgen Wolff, Gengenbach: 56 u.

Mit 27 Zeichnungen von Reinhild Hofmann, München

Vignetten von Marianne Golte-Bechtle, Stuttgart

Umschlaggestaltung von Atelier Reichert, Stuttgart, unter Verwendung von vier Farbfotos von Friedrich Strauss, Au in der Hallertau (großes Bild Vorderseite), Reinhard-Tierfoto, Heiligkreuzsteinach-Eiterbach (kleines Bild Vorderseite, Gurken) und Werner Hilpert, Würzburg (kleines Bild Vorderseite, Rosen) und Robert Sulzberger, Lindau (Rückseite)

Alle Angaben in diesem Buch sind sorgfältig geprüft und geben den neuesten Wissensstand bei der Veröffentlichung wieder. Da sich das Wissen aber laufend in rascher Folge weiterentwickelt und vergrößert, muß jeder Anwender prüfen, ob die Angaben nicht durch neuere Erkenntnisse überholt sind. Dazu muß er zum Beispiel Beipackzettel zu Dünge-, Pflanzenschutz- bzw. Pflanzenpflegemitteln lesen und genau befolgen sowie Gebrauchsanweisungen und Gesetze beachten.

Die Deutsche Bibliothek –
CIP-Einheitsaufnahme

Was Großvater noch wußte / Susanne Bruns. Unter Mitarb. von Kaspar Huche. – Stuttgart : Franckh-Kosmos.
Bd. 1 verf. von Susanne und Sabine Bruns ; Joachim Stammer
NE: Bruns, Susanne; Bruns, Sabine; Stammer, Joachim
Bd. 2 (1992)
ISBN 3-440-06339-9

Lektorat: Angelika Throll-Keller
ISBN 3-440-06339-9
Printed in Germany / Imprimé en Allemagne
Satz: G. Müller, Heilbronn
Herstellung: Huber KG, Dießen

Was Großvater noch wußte II

Was Großvater noch wußte II

Liebe Leser und Gartenfreunde,

haben Sie schon einmal Großvaters Meinung zu den berühmten Kreisen in den Kornfeldern Europas eingeholt? Und Großmutter, was sagt sie dazu? Nun denn, während unseres Quellenstudiums, unserer Fahndung nach Erfahrungsschätzen, den gärtnerischen Tips & Tricks älterer Generationen, stießen wir bisher jedenfalls noch nicht auf Mitteilungen zu diesem wahrlich bizarren, vielleicht doch echt modernen Naturereignis und folglich auch nicht auf nostalgisch anmutende Theorien darüber. Aber eine schöne Menge uns nützlich und erhaltenswert erscheinender Kenntnisse über den Anbau, die Pflege und Haltbarmachung von so manchem, was wir aus dem eigenen Gartenboden zu zaubern vermögen und was das ganze Gartengeschehen lebendig macht, darf uns erfreuen – und Sie dürfen sich jetzt mitfreuen.

Was immer wieder ins Auge fällt, ist die Begabung unserer Vorfahren, der Natur so manche Spielregeln und Geheimnisse ablauschen zu können. Unserem zivilisationsgetrübten Blick wäre es beispielsweise gewiß nicht aufgegangen, daß sich die Pflaumensägewespe bei kühler, trüber Witterung von befallenen Bäumen runterschütteln läßt, weil sie dann nämlich ungefähr von so viel Trägheit überwältigt wird wie wir nach dem üblichen Fernsehprogramm.

Wenn auch so manche Anweisung oder Erklärung von Anno dazumal strenggläubige Naturwissenschaftler furchtbar müde abwinken läßt und selbst uns toleranten Menschen, sagen wir mal, etwas komisch vorkommt, so scheint uns doch unbestreitbar ein Weg des Zugangs zum Verständnis von vielem, was sich in der Natur tut und tummelt, in der Fähigkeit des intelligent einfühlenden Beobachtens zu liegen. Und da hatten unsere Altvorderen offenbar, zeitgenössisch gesprochen, einfach mehr drauf.

Auch bei der Auswahl des vorliegenden großelterlichen Nachschubs an Garten-Know-how und was so dazu gehört, wurde also wieder auf ökologische Vertretbarkeit und akzeptable Praxisnähe geachtet. Man nagle uns nun aber nicht auf jeden Krümel Gartenerde fest oder erdreiste sich gar, Großvater zu schelten, wenn mal etwas nicht gleich klappt! Eine gewisse Experimentierfreude wäre also keine schlechte Voraussetzung für Spaß und Erfolg mit diesem Ratgeberbüchlein.

Sollten sich übrigens nächtens große Kreise in Ihren Getreidebeeten bilden, zieren Sie sich nur nicht und schreiben Sie uns über den Verlag in Stuttgart bitte umgehend, oder wenden sich einfach vertrauensvoll an Großvater. Wer weiß, vielleicht kann er auch hier wieder guten Rat geben…

Zuallererst: Gartenarbeit soll auf fruchtbaren Boden fallen

Biogärtners Geduldsprobe: Wurzelunkräuter

Die ungebremste Ausbreitungsfreude und Beharrlichkeit manchen Krautes stellt des Biogärtners Frohsinn wahrlich auf eine harte Probe – und dann soll man dieses gierige Grünzeug neuerdings auch noch liebevoll »Wildkräuter« nennen. So erscheinen einem ausdauernde, immer wieder neu austreibende Unkräuter (z.B. Disteln, Ackerwinden und Löwenzahn) oft als ein Ärgernis ohne absehbares Ende. Hat man einen Teil der Wurzeln entfernt, treiben die im Boden gebliebenen Reststücke um so stärker aus, weil sie sich an der Bruchstelle verzweigen. Dieser Sturheit muß man Gleiches entgegenzusetzen bereit sein: Es wird empfohlen, diese lästigen Pflanzen unmittelbar vor der Blüte auszureißen, damit die Wurzel im eigenen Saft »erstickt«.
Manche erfahrenen Gärtner sind auch der Meinung, diese Pflanzen immer dann auszureißen, wenn sie etwa handhoch aus dem Boden herausgewachsen sind. Dadurch würde die Wurzel auf Dauer geschwächt, denn bevor sich im Boden Seitenwurzeln zur Nahrungsaufnahme bilden, erscheinen die Blätter. Werden diese abgerissen, erhält die Wurzel von oben keine Nahrung mehr und zugleich von unten noch nicht.
Dem Schachtelhalm ist am schwersten beizukommen. Diese Pflanze hat Wurzeln, die bis zu mehrere Meter in den Boden reichen. Selbst tiefes Umgraben und Sammeln der Wurzeln nützt nichts. Hier braucht der Gärtner mitunter Engelsgeduld. Alle 10 bis 14 Tage müssen die Triebe abgehackt werden. Unterstützt wird diese Arbeit durch tiefes Lockern sowie Kompost- und Kalkgaben. Man tröste sich damit, daß die Geduld von Engeln sicher keine schlechte Eigenschaft für einen Gärtner ist.

Keine Angst vor Dünger-Düften

Die zugegeben nicht jedermanns Nase willkommenen Ausdünstungen vieler Düngerarten sollten einen bloß nicht von einer sinnvollen Verwendung wertvoller Pflanzennahrung abhalten. Es lassen sich zudem praktikable Duftbremsen anwenden. Denn alle stark riechenden Dünger wie Stallmist oder die verschiedenen Jauchen verlieren ihren Geruch, wenn sie mit einer Brühe oder einem Auszug der Weinraute übergossen werden. Für die Brühe wird die Weinraute (300 g frisches Kraut auf 5 l Wasser) eine Stunde lang auf kleiner Flamme gekocht und nach dem Abkühlen auf die riechenden Stoffe gegossen. Ein Kaltauszug muß vor Gebrauch sechs bis acht Tage ziehen.

Für die Anzucht nur Erde von frischen Maulwurfshügeln sammeln.

Anzuchterde oder: Was der Maulwurf mit der Umfallkrankheit zu tun hat

Um es gleich vorweg klarzustellen: Der Maulwurf ist unschuldig – und hilfreich. Wir wissen ja, Anzuchterde sollte möglichst frei von Krankheitserregern sein, weil sonst die jungen Pflänzchen allzuoft der Umfallkrankheit zum Opfer fallen. Man kann sich nun das umständliche Sterilisieren der Erde ersparen, wenn man zur Anzucht Erde von Maulwurfshügeln nimmt. Diese hat der Maulwurf aus einer Tiefe heraufbefördert, in der sich kaum noch Erreger befinden. Man sammelt die Erde von frischen Maulwurfshügeln im Herbst und Winter und bewahrt sie, gut abgedeckt, an einem frostfreien Ort bis zum Gebrauch im Frühjahr auf. Und jetzt schimpfe noch einer auf unseren passablen Gartengesellen!

Energiereserven im Stallmist schonen

Wie man zur Tageszeit seine Taschenlampe nicht angeknipst herumliegen läßt, so sollte man auch mit den Energievorräten, die in der Biomasse von Stallmist stecken, nicht herumschludern. Soll Stallmist also über Winter so gelagert werden, daß er im zeitigen Frühjahr für die Wärmepackung des Mistbeetes genutzt werden kann, muß er luftig liegen. In locker aufgeschichtetem Mist kann der Verrottungsprozeß nämlich nicht in Gang kommen, die Wärmeentwicklung damit noch nicht einsetzen – so wie es zur Winterzeit erwünscht ist. Der Verrottungsvorgang wird eben erst im gepackten Mistbeet benötigt, wo er in dicht geschichteten Mistlagen dann auch erfolgt.

Grobe Hornspäne mit einem Sieb raussieben

Als Stickstoffdünger sind Hornspäne besonders gut geeignet. Die großen

Stücke brauchen jedoch recht lange, bis sie sich zersetzen. Am besten siebt man die Späne mit einem groben Sieb aus und wirft die größeren Teile auf den Kompost.

Giftanzeige: Kopfsalat als Boden-Vorkoster

Kopfsalat soll die Eigenschaft besitzen, eine gute Zeigerpflanze für Bodenbelastungen abzugeben. Dort, wo die gepflanzten Salate aus unersichtlichen Gründen (immer wieder) eingehen, ist ungesunder Boden zu vermuten. Eine Bodenprobe kann das klären. So ein Salat-Test kann ein erster Fingerzeig sein. Es empfiehlt sich heutzutage leider ohnehin, immer dann den Boden näher unter die Lupe nehmen zu lassen, wenn man Nahrungspflanzen darauf anbauen will, aber noch nichts über die Bodenqualitäten weiß. Dies ist beispielsweise regelmäßig der Fall, wenn man ein Grundstück neu erwirbt. Adressen für Bodenanalysen siehe Anhang, Seite 68f.

Im Schatten von Schwarzem Holunder reift Kompost besonders schnell.

Kraftstoff aus der Gießkanne: Kopfdünger für Stark- und Mittelzehrer

Einen guten Kopfdünger für Stark- und Mittelzehrer gewinnt man aus Peru-Guano. Dazu mische man einen Teil Guano mit 50 Teilen Wasser, verrühre gut und gebe jeder zu düngenden Pflanze etwa einen Liter an den Fuß, nur nicht auf die Blätter! Für eine so gezielte Kraftstoffzufuhr dürften sich die Pflanzen mit ausgesprochener Wachstumsfreude bedanken.

Natürliche Energiespeicher nutzen: Buschbohnenreste stehenlassen

Buschbohnen, auf die eine Nachkultur folgen soll, reißt man aus gartenenergiepolitischen Gründen nicht aus, sondern schneidet bloß die Stengel über dem Erdboden ab, der Rest bleibt schön stehen. Auf diese Weise kommt der in den Wurzelknöllchen gespeicherte Stickstoff der Nachfrucht zugute. Gerade Nutzpflanzen mit Stickstoffhunger erweist man damit einen Dienst.

Buschbohnen schneidet man nach der Ernte über dem Boden ab. Die Wurzeln bleiben in der Erde.

Wachsen und gedeihen lassen: Von Großvaters Umgangsformen mit der Garten-Pflanzenwelt

Gurkensaat richtig angetrieben

Hat man frischen Pferdemist sowie Frühbeetfenster oder mit Folie bespannte Holzrahmen zur Hand, kann man Gurken in sogenannten Treiblöchern anbauen. In der zweiten Aprilhälfte werden die Treiblöcher vorbereitet. Man hebt einen 40 cm tiefen und in der Länge und Breite den Fenstern entsprechenden Graben aus. Zur Hälfte wird der Graben mit festgetretenem und angefeuchtetem Pferdemist gefüllt. Darüber kommt ein Kompost-Erde-Gemisch. Nun werden die Fenster aufgelegt. Nach drei Tagen, wenn die Erde sich erwärmt hat, kann ausgesät werden. Die Fenster bleiben noch bis Ende Juni liegen. Wie beim Mistbeet sorgt der Pferdemist für »warme Füße«, was Gurken besonders mögen.

Die Kultur in Treiblöchern ist auch für andere Gurkengewächse, wie z. B. Melonen, vorteilhaft.

Für Einlegegurken besonders lohnend: das Entspitzen nach dem dritten Blatt

Wie man einen Gurken-Boom auslösen kann

Gewürzgurken setzen reichlich Früchte an, wenn der Haupttrieb nach dem dritten Blatt entspitzt wird. Die sich dann bildenden Seitentriebe sind besonders üppig mit Blüten und in Folge natürlich mit Früchten besetzt.

Optimales Gurkenklima

Man kann im eigenen Garten mit entsprechenden Maßnahmen regelrechte Kleinklimazonen schaffen, etwa indem man einen Gartenteich anlegt und so für eine erhöhte Luftfeuchtigkeit in der Umgebung der Anlage sorgt. Manchmal lohnt es sich wohl auch, aktuell etwas für bestimmte Mikroklimas zu unternehmen. Gurken beispielsweise lieben es feucht-warm. Entsprechende Verhältnisse kann man ihnen verschaffen, indem man Wege und Erdboden um die Pflanzen herum an heißen Tagen mittags mit abgestandenem Was-

ser überbraust. Das verdunstende Wasser erhöht die Luftfeuchtigkeit zwischen den Gurkenblättern.
Allerdings darf die Dusche nicht die Blätter treffen – weil das ihnen gar nicht guttut.

Bittere Gurken genießbar machen

Viele Gurken sind nur zum Teil bitter, und zwar am Stielende. Schält man diese vom Stielende her ab, schiebt man die Bitterstoffe gewissermaßen vor sich her und verteilt diese damit auf den kostbaren Rest. Ergo: andersherum schälen.
Immer noch bitter? Dann folgenden Trick testen: Nach dem Schälen werden die Gurken abgetrocknet und mit Salz eingerieben. Nach kurzer Einwirkzeit spült man das Salz wieder ab. Das Salz hat nun hoffentlich so viel von den Bitterstoffen aufgesaugt, daß wir ohne Grimassenschneiden unseren Gurkensalat genießen können.

Gurkengewächse im Zaum halten

Wenn Gurke oder Kürbis allzu üppig ins Kraut schießen, kann man ihre Ranken einfach etwas abschneiden, die Schnittstellen in die Erde stecken und mit einer Handvoll Kompost abdecken. So bilden sich dort Wurzeln, die der Pflanze unter Umständen besseren Halt bieten und zugleich den heranreifenden Früchten zusätzlich von dieser Seite Nahrung zuführen.

Sellerie mag's salzig

Von Natur aus bevorzugt Sellerie einen salzhaltigen Boden. Vielleicht liegt es an mangelndem Salzgehalt, wenn der Sellerie bisher nicht richtig gedeihen wollte. Im Biogarten ist man mit der Verwendung salzbildender Düngemittel zu Recht sehr zurückhaltend. Wenn der Sellerie gar nicht gedeihen will, sollte man aber ruhig mal mit einem gelegentlichen Guß von Salzwasser (ein Eßlöffel auf 10 l Wasser) versuchen, ihm auf die Sprünge zu helfen.

Bevor der Schwarzwurzelgeschmack »verblüht«...

Obwohl die Schwarzwurzel eine zweijährige Pflanze ist und erst nach einer Überwinterung Blüten treibt, kommt es vor, daß einzelne Pflanzen schon im ersten Jahr blühen wollen. Steht die wohlschmeckende Pflanze erst einmal in Blüte, kann man die Wurzel für die Küche abschreiben. Ohne Qualitätseinbuße für die Wurzel bleibt jedoch ein frühzeitiges Entfernen der Blütenstengel. Ergo: frühzeitig hingeschaut!

Seite 17:
Eine von Großvaters liebsten Apfelsorten 'Cox Orange' (siehe Seite 45).

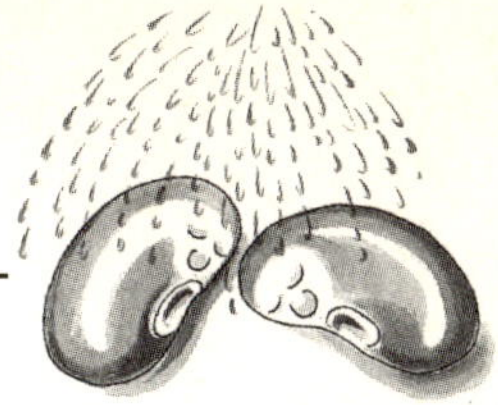

Was Melonen und Gurken gemeinsam haben

Die Samen beider Gewächse lieben es, in stets feuchtgehaltenem Sägemehl zu liegen – dort keimen sie besonders gut. Worauf man achten sollte ist, daß das verwendete Sägemehl von unbehandeltem Holz stammt. In einem Sägewerk erhält man solches wahrscheinlich eher als beim Möbeltischler.

Die Rettichernte strecken

Beim Rettichanbau kann man pro Pflanzstelle zwei Pflanzen heranwachsen lassen. Der Rettich wächst dann etwas langsamer. Stehen nun in einer Reihe die Pflanzen abwechselnd einzeln und zu zweit, hat dies den netten Effekt, daß sich die Ernte frischer Rettiche über einen längeren Zeitraum erstreckt. Woraus man folgern darf, daß nicht nur gelegentlich weniger mehr sein kann, sondern mitunter auch weniger schnell mehr lange sein würde.

Seite 18:
Oben: Zu den ersten Vorboten des Frühlings gehört das Schneeglöckchen. Mit seiner Blüte fängt die Gartensaison, zunächst unter Glas, an (siehe Seite 60 f.).
Unten: Viel Geduld, regelmäßiges Entfernen der neuen Schachtelhalmtriebe und locker gehaltener Boden können hier Abhilfe schaffen (siehe Seite 10). Hier Acker-Schachtelhalm zwischen Maispflanzen.

Warm gebettet, liegt sich's gut für Bohnen

Bohnen wollen bekanntlich die Glocken läuten hören, also nicht tiefer als 3 bis 4 cm liegen. Sie sollen zudem besser keimen und wachsen, wenn man sie nach dem Legen mit angewärmtem Wasser angießt. Man hat eben seine Vorlieben.

Kartoffel-Stütze

Vorgekeimte Kartoffeln bilden schon feine Wurzeln, wenn sie eine Woche vor dem Legen mit Wasser bespritzt werden. Die jungen Wurzeln geben den bruchempfindlichen Keimen zusätzlichen Halt.

Die Kohlrabi-Ernte ausreizen

In gut versorgtem Boden kann man von einer Kohlrabipflanze durchaus mehrere Knollen erwarten. Dazu muß man bei der Ernte die Knolle so abschneiden, daß der Strunk sowie einige der unteren Blätter stehenbleiben. Am Rand der Schnittstelle bilden sich dann mehrere neue Knollen. Diese sind zwar nicht so groß wie die erste, werden aber die Erntemenge insgesamt erhöhen. Außerdem muß groß nicht gleich gut sein. Oftmals sind es sogar die eher kleinen Dinger, die besonders munden, was nicht nur für Kohlrabi gilt, sondern z. B. auch für Bohnen.

Beste Erdbeer-Nachkommen

Als Maßstab für die Auswahl von eigenen Ablegern für Neupflanzungen hat nicht etwa eine möglichst große Zahl von Ablegern zu gelten, sondern eine möglichst üppige Größe der Früchte der Mutterpflanzen, von denen man die Ableger nehmen sollte. Um diese auch noch im August zur Pflanzzeit erkennen zu können, markiert man die ausgewählten Spenderpflanzen schon bei der Ernte mit einem Stäbchen, farbigem Bindfaden oder ähnlichem.

Die Pflanzen mit den größten Früchten sind für die Vermehrung am besten geeignet.

Blumenkohl mag's nicht kühl

Er ist vielleicht ein bißchen empfindlich, dieser Kohl; zum Ausgleich schmeckt er ja aber auch so fein. Damit der Gartenfreund zu seiner verdienten Blumenkohlkost kommt, sollte er beim frühen Setzen darauf achten, die Pflanzen nicht zu tief (nur ebenso tief, wie sie im Saatbeet standen) in den Boden zu bringen. Denn lediglich die obere Bodenschicht ist schon im zeitigen Frühjahr ausreichend warm. Ein späteres Anhäufeln sorgt dann für die nötige Standfestigkeit.

Blumenkohl nur notreif? Einschlagen – Kopf wächst weiter!

Nein, nein, nur keine Kohlköpfe oder andere einschlagen, gemeint ist nur: Wenn der Blumenkohl im Oktober noch nicht Traumgröße erreicht hat, noch nicht ganz fertig ist mit dem Wachsen, kann man die Pflanzen im Keller in Sand einschlagen und mit der berechtigten Hoffnung, daß sich der Kopf des Blumenkohls weiterentwickelt, wieder nach oben steigen. Für die Entwicklungsfähigkeit anderer Köpfe wollte Großvater keine Garantie übernehmen.

Winterpetersilienbedarf decken

Wer im Winter nicht unter der Abstinenz petersiliger Vitamine & Würze zu lei-

den bereit ist, topft sich am besten das Kraut ein, bequemerweise Wurzelpetersilie. Diese »Sorte« braucht man erst im Oktober/November aus dem Garten zu holen. Etwa vier bis sechs Wurzeln kommen in einen mittelgroßen Blumentopf. Wer aus irgendwelchen Feinschmeckergründen oder anderen Geheimnissen Schnittpetersilie bevorzugt, müßte diese bereits im August eintopfen, damit sie bis zum Winter auch wirklich gut anwächst.

Puffbohnen atmen auf: Spitze ab – Läuse weg

Puffbohnen, auch als Gründünger nicht zu verachten, sitzen in aller Regel bald voll der schwarzen Laus, o Graus. Dieser Befall stört die Pflanze bei dem, was sie gerne tut und woran gerade wir größtes Interesse haben: am Wachsen. Und die Hülsen reifen auch nur langsam. Gegen diese Blattlausplage hat der Mensch eine kluge, vorbeugende Gegenmaßnahme entwickelt. Er schneidet die Spitzen ab, sobald sich die Hülsen bilden. Soll ein gutes Mittel sein.

Mildes Klima? Salat bleibt draußen

In Gegenden mit mildem Klima kann Salat draußen überwintern. Einer Winterkultur, und infolgedessen gleichermaßen uns, bekommt es besonders gut, wenn man den Salat in 10 cm breite und tiefe Rillen pflanzt, die in Ost-West-Richtung gezogen sind. Auch die empfehlenswerte Reisigabdeckung in schneearmen Wintern kann so besser aufgelegt werden, ohne die kostbaren Pflänzchen zu erdrücken.

Bohne mit oder ohne Faden? Ein Rat an die Küchenabteilung

Mit oder ohne Faden sind für Großmutter keine Fragen, denn je nach Verwendung ist es durchaus sinnvoll, sich auch nach den allerdings mittlerweile rarer werdenden Sorten mit Faden umzutun. Verwendet man nämlich nur die Kerne und nicht die grüne Hülse dieser Frucht, sind die fädigen Sorten von Vorteil, wie man vielleicht schon zu vergessen pflegt. Warum vorteilhaft? Weil sich die Kerne dieser Sorten leichter aus den Hülsen lösen lassen – eine Arbeitserleichterung, gegen die schwerlich etwas einzuwenden ist.

Keine Zeit zum Salat-Schießen

Treibsalat, das ist derjenige, der schon früh im Jahr ins Frühbeet ausgesät wird, neigt nach dem Auspflanzen oft zu recht raschem Schießen. Folgende Methode kann das verhindern: Der Tag wird für die Keimlinge und jungen Pflänzchen künstlich auf acht bis maximal zwölf Stunden verkürzt. Zu diesem Zweck müssen die Frühbeete abgedeckt werden. Das kann mit Decken, Strohmatten oder Pappe geschehen. Verwendet man leichte Abdeckungen, denke man an eine ausreichend windgeschützte Befestigung.

Der Rosenkohl will pünktlich geköpft werden

Rosenkohl wächst den Winter über langsam, aber stetig weiter. Sollten sich jedoch bis Mitte September noch nicht genügend Röschen an den Blattachseln ausgebildet haben, kann die Pflanze, mit Verlaub, geköpft werden, d. h., die Spitze wird abgeschnitten. Dies ist nicht etwa als Strafe gedacht, und der kopflose Rosenkohl reagiert daraufhin auch gar nicht beleidigt, sondern wird dadurch zur Röschenbildung angeregt. Ein früherer Zeitpunkt für das Köpfen empfiehlt sich im übrigen nicht, weil sonst die Röschen locker und offenherzig werden.

Zur richtigen Zeit geköpfter Rosenkohl gibt schöne, feste Röschen.

Porree

Vom Porree lassen sich die beliebten Perlzwiebeln gewinnen. Am besten geht das mit Sommerporree, der den Winter über auf den Beeten gelassen wurde. Schneidet man von den blütentreibenden Pflanzen den Schaft ab, entwickeln sich an den Wurzeln zahlreiche Brutzwiebeln. Diese lassen sich sogar noch weiter vermehren, indem man sie im Herbst rausnimmt, die schönsten ausliest und sofort im Abstand von ca. 10 cm wieder einpflanzt. Bis zum nächsten August haben sich ganze Kolonien von Zwiebelchen gebildet. Mit diesen Früchtchen erhält man zwar nicht die echten Perlzwiebeln, sie sind aber ebenso schmackhaft wie jene, worauf es doch schließlich ankommt.

Die kleinen Brutzwiebeln lassen sich durch sofortiges Stecken weiter vermehren.

Zwiebeldünste in Rosenaroma verwandeln

Als wenn es darum ginge, die Zwiebelausdünstungen zu übertrumpfen, steigern gut riechende Rosen ihren Duft, sofern man dicht neben den Rosenstock eine Speisezwiebel pflanzt. Vielleicht können sich die beiden Gewächse ja ganz gut riechen.

Maisreife fraglich? Anhäufelung rückgängig machen

Es ist üblich, Mais einer besseren Standfestigkeit wegen anzuhäufeln. Ist das Wetter oder die Lage der Anbaufläche jedoch so ungünstig, daß abzusehen ist, daß der Mais nicht vollständig ausreifen wird, kann man die Entwicklung beschleunigen: Sobald die Ähren ausgebildet sind und die Körner auszureifen beginnen, wird die angehäufelte Erde am Fuß der Pflanze wieder entfernt. So kommt der Mais schneller.

Feuchtigkeitsgehalt bei Topfpflanzen: Klangprobe gibt Auskunft

Womöglich kommt es öfter vor, daß Zimmerpflanzen regelrecht ersaufen,

Wer trotz ungünstiger Verhältnisse Mais ernten will, muß »enthäufeln« (Tip S. 23).

als daß sie vertrocknet alle Blätter von sich strecken. Viele Topfgewächse werden einfach zu großzügig gegossen. Wie erkennt man nun aber, ab wann gegossen werden sollte? Hat man seine Zimmerpflanzen in Tontöpfe gepflanzt, gibt es eine simple Methode, mit der feststellbar wird, wie es mit dem Wasserhaushalt im Wurzelballen bestellt ist. Man klopft leicht an den Topf. Gibt es einen hellen, klingenden Ton, ist die Erde trocken, ein Guß ist fällig. Bei einem eher dumpfen Ton wird noch ausreichend Feuchtigkeit vorhanden sein. Zu bedenken ist aber, daß ein Riß im Topf den Klang »verfälscht«. Dann muß man sich halt eine andere Methode einfallen lassen.

Kenner schätzen ihn: Frühjahrssalat aus Löwenzahn

Gebleichter Löwenzahn gibt einen schmackhaften Frühjahrssalat. Um in den Genuß eines frisch zubereiteten Frühlingssalates zu kommen, wird der Löwenzahn im Sommer auf ein Gartenbeet ausgesät. Samen gibt's im Gartenfachhandel. Nicht zu dicht säen, damit die Pflanzen schön üppig wachsen. Im nächsten Frühjahr kann die Ernte beginnen. Sobald die ersten Triebe erscheinen, überdeckt man die Pflanzen mit einem umgestülpten Blumentopf. Wer besonders großen Appetit auf Löwenzahn hat, kann auch trockene Mistbeeterde vom letzten Jahr verwenden, die etwa 8 bis 10 cm dick über die Pflanzen gehäufelt wird. Sind die Triebe so hoch, daß sie oben über die Bedeckung reichen bzw. aus der Bodenöffnung schauen, kann man sich ans Ernten machen. Gebleichten Löwenzahnblättern werden viele den Vorzug geben, weil diese zarter sind und weniger bitter schmecken. Grünblättrig darf er jedoch auch verspeist werden.

Rekordgröße bei Zwiebeln

Sehr große Zwiebeln kann man sich auf spezielle Weise gewissermaßen züchten, indem man im Herbst auf die größten und gesündesten Zwiebeln verzichtet, sie in ein Säckchen füllt und dieses den Winter über neben einen Ofen hängt. Ob gegebenenfalls ein Heizkes-

sel ausreicht, muß ausprobiert werden. Die Wärmequelle muß jedenfalls so intensiv abstrahlen, daß die Zwiebeln fast vollständig austrocknen und nicht verschimmeln. Pflanzt man dieses »Zuchtgemüse« im Frühjahr aus, wachsen nur Blätter, keine Blütenstengel. Solche Zwiebeln können bis zu einem Pfund auf die Waage bringen.

Lust auf frühe Frühkartoffeln? Der Trick mit der Reifebeschleunigung für ganz Eilige

Wer es immer gar nicht erwarten kann, bis die ersten dampfenden Frühkartoffeln auf dem Mittagstisch stehen, sollte sich folgenden Tip gut merken. Die Reife von Frühkartoffeln läßt sich auf unkomplizierte Weise beschleunigen. Sind die Kartoffeln schon groß, aber noch nicht ausgereift, sondern noch sehr wäßrig, werden sie ausgegraben. Nun vergräbt man die begehrten Knollen in einer Kiste, die mit trockenem Sand gefüllt ist. Die Kiste wird in die pralle Sonne gestellt (bei Regen abdekken). Nach etwa einer Woche in trockenem, warmem Sand sind die Kartoffeln genügend nachgereift oder genauer: vorgereift. Bon appetit!

Wenig Pflanzkartoffeln – aber viel ernten wollen? Abhilfe ist möglich

Hat man nur wenige Pflanzkartoffeln, möchte aber viel ernten, kann man das Pflanzgut auf folgende Weise strecken: Die als Pflanzkartoffeln vorgesehenen ganzen Knollen oder Teilstücke mit je-

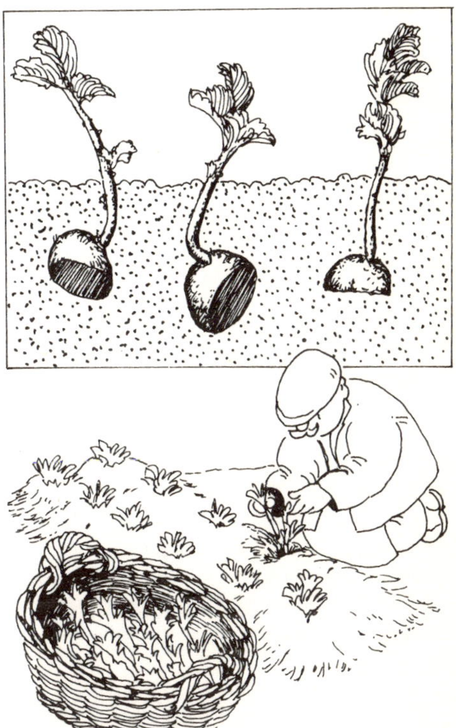

Vorsicht beim Abbrechen und Einpflanzen, nur unbeschädigte Triebe wachsen weiter.

weils einem Auge werden Anfang April in ein halbwarmes Frühbeet (Laubpakkung) 5 cm tief eingepflanzt. Gucken die Triebe 8 bis 10 cm aus der Erde, hebt man die Kartoffeln vorsichtig heraus und löst die Triebe behutsam ab. Die Triebe werden nun auf das vorgesehene Beet 15 cm tief, jeweils zwei bis drei Stück zusammen, verpflanzt (Abstand 40 cm).
Von den bereits als Spender verwendeten Kartoffeln bzw. Augenstücken können auf die oben beschriebene Weise noch zwei- bis dreimal neue Triebe gewonnen und verpflanzt werden. Das müßte eigentlich reichen.
Wenn man auf diese Weise das »Letzte« aus seinen Kartoffeln herausgeholt hat, sollte man ihnen anschließend beste Nährstoffversorgung gönnen: Holzasche ist bei Kartoffeln besonders gefragt.

Allzu blassen Röslein Farbe verleihen

Hat man sich an der eher blassen Blütenfarbe der *Rosa multiflora* satt gesehen und wünscht sich jetzt mehr Farbenpracht, bedecke man den Boden um den Rosenstock 2 cm dick mit Holzkohlenpulver und gieße dieses an. Die ehedem fahle Blütenfarbe wird zu sattem Rosa aufblühen.

Idealgröße für Steckzwiebeln

Weil zu große Steckzwiebeln leicht schon im Pflanzjahr schießen, orientiere man sich an der Idealgröße für diese, das ist ungefähr die Dimension einer Haselnuß. Aber auch diese werden schon mal zu sogenannten Schossern. Um dies zu verhindern, werden die Steckzwiebeln vor dem Stecken etwa vier Wochen gedarrt, d. h. bei etwa 25 °C gelagert. Solche Temperaturen hat man wahrscheinlich nicht gerade im Wohnzimmer, wäre jedenfalls ziemlich ungesund; vielleicht bietet sich dafür der Heizungskeller an. Da die Zwiebeln schon im März in den Boden kommen, muß man also an einen rechtzeitigen Einkauf denken.

Diese Kaffeegenießer! Schnittlauch gehört nun auch noch dazu

Wer nicht alles Kaffeeliebhaber ist! Schnittlauch jedenfalls gehört zu jenen Individuen, die man mit der begehrten Bohne verwöhnen kann. Genauer: Schnittlauch soll besonders gut gedeihen, wenn er mit Kaffeesatz gedüngt wird. Ob bestimmte Kaffeesorten bevorzugt werden, hat sich noch nicht herumgesprochen. Fragen Sie doch einfach mal Ihr wertes Grünzeug…

Vorbeugen, schützen, behandeln: Der erfahrene Pflanzendoktor bei der Arbeit

Schluß mit dem Floh-Zirkus! Schattenschutz vor Erdflöhen

Gegen Erdflöhe hilft oft schon das Schattieren der gefährdeten Reihen von Kohl-, Rettich- oder Radieschenpflanzen mit an den Reihen entlang hochgestellten Brettern. Auch ein abendliches Übergießen der Pflanzen mit einem Wermut-Absud gilt als hilfreich. Bei frisch gesetzten Kohlpflanzen ist es am einfachsten, mit Holunderblättern zu mulchen.

Mit einfachen Stützen lassen sich die Schattierbretter hochstellen.

Erdfloh-Prophylaxe

Es ist ja irgendwie gemein – aber man kann den Erdflöhen schon vor der Aussaat den Spaß verderben. Die Samen der später gefährdeten Pflanzen (Kohl, Rettich, Radieschen) werden in einem gut angefeuchteten Brei aus zerkleinerten Lauchgewächsen, gemischt mit Sägemehl (von unbehandeltem Holz, beim Sägewerk anfragen), zum Keimen gebracht. Die vorgekeimten Samen kommen dann in die Erde. Bei solchen Pflanzen vergeht – so wurde überliefert – den Erdflöhen angeblich der Appetit.

Fangbrett für Erdflöhe

Wer gerne und reichlich Kohl, Radieschen und Rettich anbaut, weiß, welche Mengen gefräßige Erdflöhe zu vertilgen in der Lage sind, besonders wenn sie sich über noch kleine Pflanzen hermachen. Wo die Tiere in Massen auftreten, lohnt es sich, wieder einmal gemein zu sein und den Bau eines Fangbrettes

(siehe Zeichnung) in Angriff zu nehmen. Die Fransen des Brettes werden regelmäßig abends über die betroffenen Pflanzen gestreift. Die aufgeschreckten Erdflöhe springen in die Höhe und bleiben an der mit Leim bestrichenen Unterseite des Brettes kleben. Hat man Schwierigkeiten, Insektenleim zu bekommen, kann man auch die schon bestrichenen Leimringe für Obstbäume nehmen und diese unter das Brett kleben.

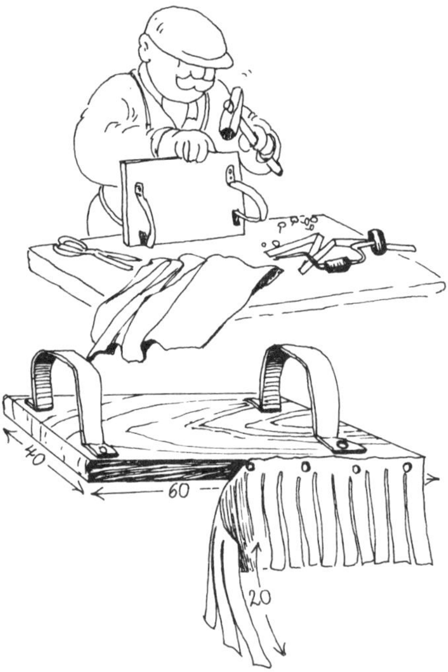

Welche Arbeitsrichtung, Fransen vorne oder hinten, die effektivere ist, wurde nicht überliefert; also ausprobieren.

Erdflöhe noch einmal ausgetrickst

Treten die Flöhe nur von Zeit zu Zeit auf, so daß der Bau und die Anwendung des oben beschriebenen Fangbrettes zu aufwendig erscheint, kann man die Tierchen auf andere Weise von den Pflanzen fernhalten. Rings um die Kohlbeete oder die Radieschenreihen wird als »Fangpflanze« Gartenkresse ausgesät – die mögen Erdflöhe noch lieber als Kohl oder Radieschen.
Raffiniert, nicht wahr? Eine andere Methode, um seine Kohlpflanzen erdflohfrei zu halten, ist die, ein Kohlbeet mitten im Rasen anzulegen. Da Erdflöhe nicht auf Grasflächen überwintern, ist auch nicht zu befürchten, daß sie hier den Kohl finden werden.

Spinnmilben auf Zimmerazaleen: Hitzeschock vertreibt die Störenfriede

Ärgerlich ist es, wenn nach einiger aufgewendeter Mühe und Sorgfalt die Azaleen endlich Blüten ansetzen und sich dann die Spinnmilben (Rote Spinne) in der Pflanze niederläßt. Hier hilft ein ordentlicher Temperaturschock, die Invasion zu stoppen. Dazu werden die Kronen der befallenen Bäumchen drei-

mal je zwei Sekunden lang im Abstand von vier bis fünf Sekunden in 55 °C heißes Wasser getaucht. Und keine Sorge, die Azaleen nehmen keinen Schaden.

Zimmerpflanzen sind kein Zoo

Die verschiedenen Würmer (Fadenwürmer) und anderes Kleingetier können, so willkommen sie im Garten auch sind, in Blumentöpfen durchaus Schaden anrichten, indem sie beispielsweise die Wurzeln unserer Zimmerpflanzen anfressen. Und wer weiß, wo sie sich dann sonst noch so überall rumtreiben wollen. Mit einer Abkochung aus zerschnittenen Roßkastanien (sieben bis zehn Kastanien auf 1 l Wasser, 10 min. gekocht) kann man der Entstehung eines unerwünschten Zimmerzoos entgegenwirken. Weil Großvater vergessen hatte, den Einsatz des Wundermittels genauer zu beschreiben, sei hier folgende Vorgehensweise empfohlen: Zunächst versuche man das Getier mit einem abgekühlten Guß des Absuds zu vertreiben. Das müßte natürlich an einem Ort geschehen, wo die Tierchen auch verschwinden dürften. Ist das Kleinvieh zu träge, sollte man den einzelnen »bevölkerten« Pflanzen ein etwa halbstündiges Wurzelbad in dem abgekühlten Mittel gönnen. Mit dem Grundstoff können wir uns übrigens bei einem Spaziergang durch herbstliche Alleenpracht versorgen; die Kinder übernehmen bestimmt mit Freude die Sammelarbeit.

Keine Hasenjagd nötig

Finden Hasen im Winter wenig Futter, nagen sie ganz gerne an der Rinde von Bäumen – auch unseren Obstbäumen. Wer diese schützen will und keine Lust hat, einen hasensicheren Zaun zu bauen (immerhin muß dieser 30 cm tief in den Boden reichen), kann seine Bäume dadurch schützen, daß er einige Lagen Zeitungspapier um die Stämme bindet (auch Reisig ist geeignet). Man kann sich außerdem die Tatsache zunutze machen, daß die Rinde für Hasen lediglich ein Notfutter ist: Kohlpflanzen, die den Winter über auf den Beeten gelassen werden, sind bei Hasen viel beliebter. Einige Grün- und Rosenkohlpflanzen, bei deren Ernte man nur die Blätter bzw. Röschen abgeschnitten hatte, lenken Meister Lampe ebenfalls von den geliebten Bäumen ab. Genau besehen, scheint, vor allem unter dem Gesichtspunkt einer möglichst rationellen Arbeitsweise und eines gesunden Lebens in Muße, die letztere Methode die elegantere zu sein.

Drahtwürmer geködert

Das wirkungsvollste Mittel gegen Drahtwürmer, die sich zu unserem Kummer an allen möglichen Wurzeln delektieren, besteht in natürlichen Ködern. Geeignet sind zum Beispiel Salatstengel, die man abends zwischen den Gemüsereihen auslegt. Morgens kann man die Genießer dort einsammeln.

Pflanzenschutz

Mal die Zwiebelfliege verkohlen

Nicht mit Kohl, sondern Holzkohle. Um die Zwiebeln vor anfliegenden Zwiebelfliegen zu schützen, muß man die Pflanzen im Juni bis Juli wiederholt mit Holzkohlepulver bestäuben. Allerdings sollte man nun nicht darangehen und den Holzkohlenvorrat der ganzen, wieder mal ins Wasser gefallenen Grillpartys vom letzten Jahr wie wild verstreuen. Salopp gesagt: das bringt's einfach nicht. Denn wenn alle Zwiebeln bestäubt würden, ließen sich die Fliegen dadurch nicht von der Eiablage auf diesen abhalten. Holzkohlepulver verteilte der weise Großvater deshalb nicht über alle Zwiebeln, einige ließ er unbestäubt der Fliegenbrut. Diese Opferpflanzen beobachtete er dann besonders sorgfältig, um sie bei den ersten Anzeichen von Befall (gelbliches, kränkliches Aussehen) auszureißen und zu kompostieren. Großvater wußte demnach genau: Zwiebelfliegen lassen sich nur bedingt verholzkohlen.

Kleie lockt die Schnecken an, was zu wissen hilfreich ist

Man könnte meinen, Schnecken seien ausgesprochene Genußtypen, was freilich übertrieben ist. Aber eins scheint festzustehen: Für Kleie kriechen sie meilenweit, jedenfalls noch viel lieber. Besonders Roggenkleie zieht sie geradezu magisch an. Wer sich in feuchten Jahren seine Ernte nicht mit diesen, uns, seien wir ehrlich, oft lästigen Erdbewohnern teilen will, sollte sich Kleie besorgen und diese als Lockspeise in kleinen Häufchen auslegen. Abends, während der Dämmerung oder frühmorgens kann man dann die Tiere an den Ködern ganz bequem einsammeln und aus seinem Garten verbannen. (Nebenbei gefragt, wie verstehen Sie sich eigentlich mit Ihrem Nachbarn? Prima. Hätte auch gar keinen Zweck, die Tiere sind ausgesprochen anhänglich.)
Und weil das Thema so interessant ist, wollen wir es noch ein wenig ausschmücken: Auch schon zu Urgroßvaters Zeiten, und wer weiß, wie lange schon, war bekannt, daß das sicherste Mittel gegen die Schneckenplage im regelmäßigen Absammeln dieser wirklich gefräßigen Tiere besteht. Ausgelegte Unterschlüpfe erleichtern das Einsammeln. Unter umgestülpten Blumentöpfen ohne Loch beispielweise, die an einer Seite mit einem Hölzchen angehoben stehen, lassen sich die Schnecken den ganzen Tag über einsammeln. Das Schönste an dieser Fangart ist, daß man nicht so schrecklich früh aufstehen muß. In Kombination mit dem Kleie-Trick ist dies evtl. die lange ersehnte Patentlösung.

Wer der Maulwurfsgrille eine Grube gräbt...

... wird schon seine Gründe dafür haben. Mancherorts kennt man diese

Maulwurfsgrillen werden von der Wärme des Pferdemistes angelockt.

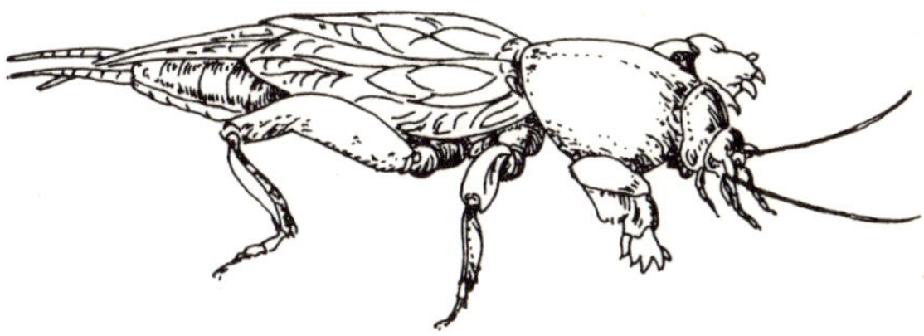

auch Werre genannte Grillenart zwar gar nicht, aber dort, wo sie auftritt, kann sie einem Gärtner ganz beträchtlichen Ärger bereiten. Dabei zählt sie nicht eigentlich zu den Schädlingen, vertilgt sie selbst doch so einiges an unterirdisch lebendem, unerwünschtem Getier. So richtig nervig wird es mit ihr jedoch erst, wenn sie sich in Massen im Nutzgarten niederläßt und im Frühjahr die Wurzeln der gerade gepflanzten oder gekeimten Gemüse auffrißt.

Maulwurfsgrillen muß man nicht gleich töten, man kann auch sanftere Maßnahmen anwenden, um sie vom eigenen Garten fernzuhalten, z. B. mit folgender Methode: Im Herbst wird an geeigneter Stelle, vor allem dort, wo viele Maulwurfsgrillengänge zu finden sind, eine etwa einen Quadratmeter große, 60 bis 70 cm tiefe Grube ausgehoben und mit festgetretenem Pferdemist gefüllt. Viele Maulwurfsgrillen werden so eine Grube als das ideale Plätzchen zur Überwinterung ansehen. So kann man die dort versammelten Tiere dann im zeitigen Frühjahr mitsamt dem Mist an einen geeigneten Ort bringen.

Pflanzenschutz

Schutzblech hält Maulwurfsgrillen ab

Um junge Pflanzen vor Maulwurfsgrillen zu schützen, zieht man listigerweise ein Schutzblech um die Pflanzstelle herum hoch. Dieses kann aus einem nicht zusammengelöteten Blechzylinder, beispielsweise einer aufgeschnittenen und möglichst korrosionsbeständigen Konservendose, bestehen. Nach dem Einpflanzen drückt man das schützende Blech einige Zentimeter in die Erde. Später kann unser Schutzblech wieder vorsichtig entfernt werden, wozu es eben offen sein muß, damit die inzwischen hoffentlich sehr ordentlich gewachsenen Pflanzen nicht beschädigt werden.

Auch im Mistbeet unerwünscht

In Mistbeeten fühlen sich Maulwurfsgrillen offenbar überaus wohl, sie genießen die Wärme der Mistpackung, wofür wir Verständnis haben. Leider fressen Maulwurfsgrillen so ziemlich alles, was ihnen in die Quere kommt, was wir aber lieber ausgewachsen im Kochtopf sehen würden. Damit sich diese grilligen Tierchen nicht sogleich auf die Wurzeln unserer jungen Pflanzen stürzen, sollte man sie loswerden, bevor man das Mistbeet bepflanzt oder besät. Eine Abkochung von Erlenrinde, ins Beet gegossen, soll alle sich eingenisteten Maulwurfsgrillen vertreiben.

Ameisenstopper: Gerüche & Fallen

Ameisen in Frühbeeten und Gewächshäusern sind sehr lästig. Warum? Na, weil sie mit ihrem schrecklich fleißigen Nestbau Stellen im Boden schaffen, die aus so extrem lockerer Erde bestehen, daß kleinere Pflanzen keinen Halt darin finden und jämmerlich verkümmern. Was die Arbeitswut der Tierchen stoppen könnte, ist der Geruch ausgelegten Kerbelkrautes. Im Freien funktioniert diese Methode jedoch nicht. Hier kann man Guano streuen, um die Ameisen zu vertreiben, oder Fallen in Form von flachen Behältern, die mit einem Hefe-Honig-Wasser-Gemisch gefüllt sind, aufstellen.

Im Kerzenschein der Nachtfrost schwindet

Stehen nächtliche Fröste bevor, können junge Pflänzchen einfach durch übergestülpte Blumentöpfe vor eben diesen geschützt werden; bei leichten Frösten langt das völlig. Etwas stärkere Fröste verlangen ausgefuchstere Schutzmaßnahmen: Einige Platten aus Metall (etwa 2–5 mm stark, mal beim Schrotthandel vorbeisehen) werden auf den Beeten so aufgestellt, daß man Kerzen, z.B. Grablichter, darunter stellen kann (auf ausreichend Windschutz achten). Achtung: Kerzen weit genug von den Pflanzen wegstellen, damit es keine Verbrennungen gibt. Für eine Platte von

40 cm Seitenlänge sind drei Lichter notwendig. Die Kerzen erwärmen die Platten immerhin so stark, daß die Pflanzen in der Nähe ausreichend vor Frost geschützt sind. Diese Methode eignet sich auch für überwinternde Pflanzen, wenn im Januar oder Februar noch starke Fröste drohen.

Nachtfrost-Orakel: Der Rasen ahnt es schon

Nachtfrost ist im Anmarsch, wenn abends etwa 5 cm über einem mehrere Quadratmeter großen Rasenstück Temperaturen unter 6 °C gemessen werden. (Wem dies zu orakelig-dunkle Angaben sind, der kann ja, bitte schön, nachts noch mal nachmessen gehen.)

Zweimal Regenvorhersage exklusive, nicht aus dem Fernseher

Reißt die Spinne ihr Netz entzwei, kommt ein Regen bald herbei.

Wenn an den jungen Blättern von Kapuzinerkresse, Erdbeeren oder Fuchsien an den Randzähnen oder Spitzen kleine Tröpfchen hängen, gibt es bald Regen.

Federvieh im Junggemüse

Auf Gezwitscher im Gemüsebeet kann man ganz gut verzichten, picken die Vögel doch allzu gerne an den jungen Blättern von Salat und Gemüse, auch Keimlinge werden gerne aus dem Boden gezogen. Sind die Pflanzen erst einmal ein gutes Stück gewachsen, schadet ihnen das gelegentliche Anknabbern nicht mehr, aber junge Setzlinge sind oft völlig kahlgefressen.
Um die Vögel, vor allem Spatzen, von den Beeten fernzuhalten, muß man sich öfter neue Abschreckungsmethoden einfallen lassen – das Federvieh ist ja erstaunlich lernfähig. Für das Saatbeet eignen sich dicht über dem Boden kreuz und quer gespannte blaue Fäden, andere Farben zeigen nicht den erwünschten Erfolg.
Später kann man einen Federstern basteln und aufhängen. Und das geht so: Eine ringsum mit Federn besteckte Kartoffel wird an einem schräg in den Boden gesteckten Stock aufgehängt. Der sich im Wind frei bewegende Federstern hält die Vögel eine ganze Weile vom Beet fern.

Die Spargelfliege geleimt

Die Spargelfliege sieht der gewöhnlichen Stubenfliege recht ähnlich, kann aber mehr Ärger bereiten. Etwa von April bis Ende Juni versucht sie, ihre Eier in den weißen Triebspitzen der Spargelpflanzen abzulegen. Besonders im zweiten Jahr der Pflanzung ist der Spargel gefährdet, weil er noch nicht gestochen wird. Ein altbewährtes Hausmittel, auf das die meisten der uner-

wünschten Spargelliebhaber immer wieder hereinfallen, ist folgendes: Während der Flugzeit (siehe Tip-Anfang) werden auf dem Beet spargeldicke, weiße Holzstäbchen gleichmäßig verteilt in den Boden gesteckt. Die Spitzen dieser Stäbe streicht man mit Fliegenleim ein. Gemein, aber wirksam.

Kohlweißlinge verwirren

Um Kohlweißlinge daran zu hindern, ihre Eier an unseren so begehrten Kohlpflanzen abzulegen, hilft folgender Trick: Zwischen eben jene Pflanzen legt man leere, weiße Eierschalen. Das herumsuchende Kohlweißlings-Weibchen meint nun, daß an den Stellen gerade (weiße) Artgenossen ihre Eier ablegen und sucht sich deshalb ein anderes Plätzchen.

Das Kuckucksei der Schlupfwespe schonen

Oft finden sich zwischen den Kohlweißlingsraupen, die ja in größeren Gruppen auf den Unterseiten der Kohlpflanzen leben, einige Raupen, die mit gelben oder grauweißen, eiförmigen Gebilden umgeben sind. Diese sogenannten Raupeneier gehören zu den Verbündeten des Gärtners, man läßt im eigenen Interesse schön die Hände von ihnen. Es handelt sich nämlich um die in feine Gespinste eingesponnenen Puppen von Schlupfwespen. Diese legen ihre Eier in Raupen oder anderen Schädlingen ab, die dann zugrunde gehen. O ja, auch die Natur kann doch sehr grausam sein.

Wie man der Feldmaus den Appetit verderben kann

Indem man ihr Tannen- oder Fichtennadeln ins Lieblingsgericht streut. Mit anderen Worten: Man mische dem teuren Saatgut besagte Stacheligkeiten unter, das wird die Nager zum Fasten veranlassen.

Seite 35:
Oben: Dick und süß werden die Früchte an ausgedünnten Stachelbeerbüschen (siehe Seite 42).
Unten links: Schon früher wurde der Schwarze Holunder (*Sambucus nigra*) oft für Pflanzenschutzzwecke benutzt (siehe Seite 43 ff.).
Unten rechts: Sellerie braucht für üppiges Wachstum manchmal eine Spezialbehandlung (siehe Seite 16).

Seite 36:
Als Lieferant keimfreier Anzuchterde wird der Maulwurf von vielen Gärtnern hochgeschätzt (siehe Seite 11).

Seite 37:
Nicht nur für Hustensirup gut: Der Spitzwegerich ist auch bei Insektenstichen hilfreich. Er sollte deshalb in keinem Garten fehlen (siehe Seite 58).

Gaumenfreuden vom Baum: Obstsorten, Anbau und Pflege aus guten Gartentagen

Baumpflanzung: Das Frühjahr hat auch seine Vorteile

Den Obstbäumen ist es vermutlich egal, ob sie im Herbst oder im Frühjahr gepflanzt werden – Hauptsache, es geschieht mit Geschick am richtigen Ort. Die Herbstpflanzung wird aber wohl von den meisten Gärtnern bevorzugt, weil der Baum dann im Frühjahr schon viele neue Wurzeln gebildet hat. Aber in schweren Böden sollte man die Bäume doch lieber (erst) im Frühjahr pflanzen, denn die jungen Wurzeltriebe werden in diesen oft nassen Böden über Winter leicht von der Wurzelfäule befallen.

Baumschnitt-Termin nach dem Motto: Was ihr wollt – starker Trieb oder starke Frucht

Die Zeit des Baumschnittes reicht vom Blattfall im Herbst bis kurz vor den Neuaustrieb im Frühjahr. Nur die Tage, an denen es kälter als –5 °C ist, sollte man für den Baumschnitt meiden. Je nachdem, was man dann bewirken will, sollte man die Bäume im Spätherbst oder erst im Februar schneiden. Starkes Triebwachstum wird in aller Regel die Folge sein, sofern die Bäume im Herbst geschnitten wurden. Der Schnitt im Februar hingegen hemmt das Triebwachstum und fördert eher den Fruchtansatz.

Seite 38:
Auch für die Probleme, die bei der Kultur von Topfpflanzen auftauchen, hatte Großvater einige Tips parat (siehe Seite 23 f.).

Baum-Make-up: Ein Jungbrunnen aus Lehm

In vielen Gärten stehen alte, ungepflegte Bäume ziemlich einsam und verlassen herum. Diesen Baum-Veteranen kann man sehr wohl noch zu reichlichem Fruchtansatz und gesundem Wachstum verhelfen. Eine Lehmpakkung spendet die dafür notwendigen Jungbrunnenenergien.
Hier die Pflegehinweise sowie das Rezept für den Kraftquell: Zunächst muß die Rinde gereinigt und abgebürstet werden. Mit Drahtbürsten kann man zwar die losen Borkenstücke herunterbürsten, den Baum aber auch verletzen. Um lose Borke zu entfernen, kann man den Stamm der Bäume mit einer in Schachtelhalmtee getauchten Gemüsebürste behandeln. Ist der Stamm ge-

säubert, werden große Wunden ausgeschnitten, Frostrisse können bleiben. Nun läßt man den Baum abtrocknen, und danach kommt die Lehmpackung darauf. Man rührt den Lehm (für unerschrockene Spezialisten: am besten zur Hälfte mit Kuhfladen gemischt) mit Wasser, noch besser Schachtelhalmtee, zu einer glatten Masse an und läßt ihn über Nacht stehen. Mit dem Brei lassen sich einzelne Wunden oder der ganze Stamm (bei Frostschäden) behandeln. Der Lehm wird dick aufgetragen und mit Säcken umwickelt. Die Lehmpakkung kann ein Jahr am Baum bleiben und danach eventuell erneuert werden. Im übrigen gilt als bester Zeitpunkt zur Lehmbehandlung das Frühjahr.

Ein Lehmanstrich sorgt für gesunde Rinde und verhilft alten Bäumen zu neuen Kräften.

Schon wieder keine Frucht am Baum?

Wollen die Obstbäume partout keine Früchte ansetzen, kann die Ursache darin liegen, daß der Baum zu tief ge-

pflanzt wurde. Die Veredelungsstelle (man erkennt sie an der Verdickung unten am Stamm) muß etwa 10 cm über dem Erdboden stehen. Ist dies nicht der Fall, hilft nur das Höherpflanzen des Baumes. Es genügt aber nicht, rings um den Baum die Erde abzutragen. In der Mulde, die dabei entsteht, würde sich, vor allem im Herbst und Winter, zuviel Wasser sammeln, wobei die Gefahr einer Infektion mit Wurzelfäule wüchse. Ist der Baum schon zu groß zum Ausheben, läßt sich die Fruchtbarkeit notfalls und mit ein wenig Glück auch anders anregen. Je nach Größe des Baumes wird etwa zwei bis drei Meter vom Stamm entfernt ringsherum ein 40 bis 50 cm tiefer, spatenbreiter Graben ausgehoben. Sämtliche Wurzeln, die auf der Baumseite in den Graben hineinragen, werden glatt abgeschnitten und der Graben anschließend wieder zugeschüttet. An den Schnittstellen der Wurzeln bilden sich viele feine Wurzeln, was dem Ansatz von Blütenknospen guttut.

Ein Wurzelschnitt kann die Fruchtbarkeit anregen.

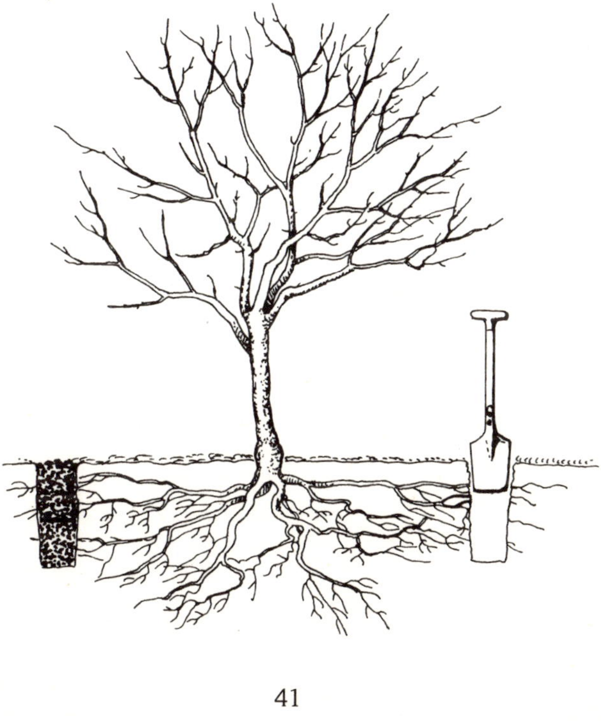

Obst

Ernte & Reife richtig ausgereizt

Nicht alle Früchte eines Baumes werden gleichzeitig reif. Pflückt man zunächst nur einen Teil des Obstes, nämlich die Früchte, die auf der Sonnenseite, am Gipfel und weit außen hängen, werden die noch nicht reifen Früchte im Innern und an den Schattenplätzen noch merklich an Größe zunehmen, und zugleich wird ihre Reife dadurch noch hinausgezögert.

Stachelbeeren zu Größe & Süße anstacheln

Bei Stachelbeeren lohnt es sich, etwa die Hälfte der Früchte schon unreif zu pflücken. Die am Strauch verbleibenden Früchte werden darauf besonders groß und süß. Die grünen Früchte müssen nun aber nicht etwa auf den Kompost wandern; man kann sie zum Einmachen von Marmelade oder Kompott verwenden.

Zögern kann Blüten schützen

Es geht hier jetzt nicht um so etwas wie junggärtnerische Schüchternheiten beim Anwenden komischer, alter Methoden. Folgendes Problem soll ganz einfach intelligent gelöst werden: Oftmals stehen die Obstbäume schon in voller Blüte, und dann, verdammt, friert es doch noch einmal! Die meisten Blüten fallen ab, und die Ernte fällt entsprechend mager aus. Und nun das produktive, problemlösende Zögern: Die Blüte wird in weniger gefährliche Zeiten hinausgeschoben. Zu diesem Zweck wird, solange der Boden noch gefroren ist, eine dicke Schicht kalter Mist um die Bäume gelegt. So kann der Boden auf der Baumscheibe nur allmählich auftauen und die Blüte, logisch, erst entsprechend später beginnen. Sobald keine starken Nachtfröste mehr zu erwarten sind, wird der Mist entfernt. Den Rückstand holen die Bäume rasch auf, und die Blüte ist vor Frost geschützt. Diese Methode bietet sich aber sicherlich nur in solchen Jahren an, in denen es auch im Spätwinter noch tüchtig friert.

Der Baumdoktor weiß Rat bei Gummifluß

Gummifluß kann Bäumen ordentlich zu schaffen machen. Der Pflanzendoktor weiß ein gutes Heilmittel aus der Natur: Sauerampfer. Die vom Gummifluß betroffenen Rindenteile werden sauber ausgeschnitten. Die Wunde muß nun mit zerquetschten Sauerampferblättern kräftig betupft und eingerieben werden, so daß der grüne Saft in das Holz eindringen kann. Die so behandelten Stellen heilen rasch, und gesunde Rinde wächst nach. Und weil es alle unsere geschätzten Steinobstarten betrifft, fühlen wir uns besonders zum heilenden Handeln verpflichtet.

Nützliche Schädlinge und ihre gelegentliche Bekämpfung

Vor Generationen bereits war das, was heute als die superfortschrittliche Schädlingsbekämpfung gilt, durchaus bekannt. Sie besteht in der Schonung, Ansiedlung und Förderung von Nützlingen. Zu direkten Bekämpfungsmitteln muß man nur bei starkem Befall greifen. Ist der Befall durch die verschiedenen Raupen-, Käfer- und Wespenarten eher gering, erweisen sich die sogenannten Schädlinge sogar als nützlich: Durch ihre Fraßtätigkeit dünnen sie ein Zuviel an Obstbehang aus, denn die befallenen Früchte fallen in der Regel schon lange vor der Reife ab. Um nun einer zu starken Vermehrung der Schädlinge vorzubeugen, muß das Fallobst regelmäßig aufgesammelt und vernichtet werden (z. B. mindestens 1 m tief eingraben). Hat man Hühner, kann das Fallobst an sie verfüttert werden. Ihnen werden sie bestimmt nicht zum Schaden sein, die sogenannten Schädlinge.

Sägewespe auf Pflaume? Ast absägen?

Wer der Sägewespe wirklich nachhaltig an dem Ast sägen will, auf dem sie sitzt (und das würde nicht nur einer sein), sollte es mit dem Überbrausen der Baumkronen mit Holunderblüten-Absud versuchen, das hilft gegen den Befall. Die Behandlung muß, soll sie von Erfolg gekrönt sein, vor dem Öffnen der Blüte erfolgen und dann im Mai noch zwei- bis dreimal wiederholt werden. Ziel des Unternehmens ist es, die Pflaumen-Sägewespen durch die Spritzungen von der Eiablage abzuhalten. Für den Absud (Kaltwasserauszug) rechnet man eine Handvoll frischer oder einen Eßlöffel getrockneter Holunderblüten pro Liter Wasser.

Großvaters Arsenal an Abwehrmöglichkeiten enthält aber noch mehr: Die Wespen können zur Flugzeit mitunter schlicht und ergreifend von den Bäumen geschüttelt werden. Findet man das Insekt (schwarz, rötlich-braungelbe Beine, vier durchsichtige Flügel) am Baum vor, läßt es sich bei trüb-kühler Witterung auf untergelegte Tücher schütteln, denn bei schlechtem Wetter ist die Sägewespe recht unbeweglich. Bei schönem Wetter würde man das Tier durch die Rüttelei allerdings nur aufscheuchen, nicht verscheuchen (außerdem hat man dann sowieso viel Besseres im Sinn, als irgendwelche Insekten zu scheuchen).

Wer vorbeugend etwas gegen einen Befall im nächsten Jahr tun möchte, muß die heruntergefallenen Früchte täglich aufsammeln und vernichten – ja, auch bei sehr, sehr schönem Wetter. (Abseits der Bäume können die madigen Früchte in einem etwa 1 m tiefen Loch unschädlich gemacht werden.) Um sich mit dieser Arbeit nicht ewig plagen zu müssen, kann das erwünschte Fallen der madigen Früchte durch mäßiges Baumgeschüttel beschleunigt werden.

Blutlaus raus

Auch gegen die Blutlaus soll just kundgetane Holunderblüten-Absud-Baumkronen-Spritzung helfen (siehe Tip vorher). Um der Laus den Zugang ins Holz zu versperren, müssen an den befallenen Bäumen außerdem alle Ritzen mit Lehm verschmiert werden; so wird dem Gelaus Eiablage und Überwinterung erschwert.
Auch mit einem scharfen Wasserstrahl kann man gegen die Blutlausplage angehen. Zur Wasserspritze sollte dann auch wiederholt gegriffen werden. Ein Gemisch aus einem Teil Spiritus und drei Teilen Fett, das auf die Lauskolonien getropft oder gepinselt wird, soll ebenfalls Abhilfe schaffen. Wer's übrigens noch nicht vernahm: Die Apfelsorte 'Ontario' wird von Blutläusen merkwürdigerweise weitgehend verschont. Weiß die Laus warum?!

Viele Schädlinge sind für Hühner eine Delikatesse, so auch die Maden der Kirschfruchtfliege.

Obst

Blattwespen abseifen

Gegen die an verschiedenen Obstbäumen vorkommenden Blattwespenarten hilft ein Überbrausen der Blätter mit Seifenwasser. Großvater löste dazu etwa einen Teelöffel Schmierseife in einem Liter Wasser. Wir modernen Menschen haben auch die Wahl, uns der über den Gartenfachhandel beziehbaren Pflanzenseifen zu bedienen. Dieselben benutze man nach Anweisung der Hersteller.

Für Hühnerhalter: Nur keine Bange vor der Kirschfruchtfliege

Um die Kirschfruchtfliegen zu bekämpfen, kann man sich die Gewohnheit der Maden zunutze machen, sich nur relativ flach im Boden zu verpuppen. Im Herbst sollte der Boden um die betroffenen Kirschbäume öfter aufgehackt werden, und die Maden müssen von eingetriebenen Hühnern verspeist werden. Das nächste Mal dann ein Tip für Hühnerlose. Ehrenwort.

Äpfel & Birnen: Großvaters allerliebste Sorten

(aus: »Unsere besten Obstsorten« von Johannes Böttner, Verlagsanstalt Trowitzsch & Sohn, Frankfurt a. d. Oder, 1923)

Apfelsorten

Für trockenen Boden: 'Ontario'

Für feuchten Boden: 'Gravensteiner' (für Norddeutschland), 'Boskoop', alle grauen Renetten

Für rauhe Lagen: 'Charlamowsky', 'Jakob Lebel', 'Champagner-Renette', 'Danziger Kantapfel'

Für Gebirgsgegenden als freistehender Baum: 'Weißer Klarapfel', 'Charlamowsky', 'Landsberger Renette', 'Danziger Kantapfel', 'Jakob Lebel'

Für geschützte Gärten und guten Boden: 'Cox Orange', 'Goldrenette von Blenheim', 'Gravensteiner', 'Boskoop', 'Kanada Renette'

Für gute, warme, geschützte Lagen: 'Goldrenette von Blenheim', 'Kanada Renette'

Gewöhnliche Sorten für Grasgarten und Wiesenland: 'Boikenapfel', 'Großer Rheinischer Bohnapfel', 'Roter Eiserapfel', Lokalsorten

Sorten, welche sehr bald fruchtbar werden: 'Charlamowsky', 'Baumanns Renette', 'Goldparmäne', 'Cox Orange'

Durch regelmäßige Fruchtbarkeit zeichnen sich aus: 'Ontario', 'Jakob Lebel', 'Großer Rheinischer Bohnapfel', 'Charlamowsky', 'Cox Orange', 'Muskat-Renette'

Obst

Birnensorten

Für Gebirgsgegenden in freieren Lagen: 'Stuttgarter Gaishirtle', 'Clapps Liebling', 'Williams Christbirne'

Für Gebirgsgegenden in geschützteren Lagen: 'Gute Louise', 'Neue Poiteau'

Sehr bald fruchtbar werden: 'Williams Christbirne', 'Gute Louise'

Sehr dankbar und regelmäßig tragen: 'Gute Louise', 'Boscs Flaschenbirne', 'Neue Poiteau', 'Williams Christbirne', 'Köstliche von Charneu'

Es wurden nur die Sorten genannt, von denen uns bekannt ist, daß sie noch erhältlich sind, wenn auch nicht immer in Ihrer Nähe (siehe auch Bezugsquellenverzeichnis, Seite 67 f.).
Dafür, daß die genannten Sorten eine Wucht sind und jedes schicke Supermarktangebot geschmacklich locker hinter sich lassen, verbürgt sich Großvater. Wer's immer noch nicht glaubt, sollte bei dem alten Herrn mal freundlich wegen ein paar Nachhilfestunden in Sachen Obst & Gemüse vorsprechen.

Einige beliebte Birnensorten

Die Früchte unserer Regsamkeit: Über das richtige Ernten und Aufbewahren

Wirsing ist gar nicht so frostsensibel

Wirsing soll angeblich nur empfindlich gegen Frost sein, solange er auf den Beeten steht. Ist er erst einmal geerntet, schadet ihm Frost nicht mehr. Die Altvordern empfehlen, eine frühe bis mittelspäte Sorte Ende Juni bis Mitte Juli zu pflanzen. Im Spätherbst müssen die Köpfe rechtzeitig vor dem ersten Frost geerntet und in zwei Lagen übereinander, umgeben von einer Schicht Spargelkraut oder Stroh, auf einem Gartenbeet für den Winter gelagert werden. Im Laufe des Winters kann der Wirsing nach Bedarf entnommen werden und muß vor dem Gebrauch gegebenenfalls aufgetaut werden. Dies sollte aus Geschmacksgründen nicht ruck, zuck geschehen, sondern langsam; am besten legt man das gute Stück dazu in den Kühlschrank. Auch als Kohl braucht man eben so seine Zeit.

Natürlicher Fäulnisschutz

Farnkraut soll der Fäulnisbildung bei Lagerobst und -gemüse entgegenwirken. Das ist also genau das richtige zum Auslegen in die Kellerregale. Wo kriegt man das tolle Kraut her? Man kann den dafür früher wohl am ehesten verwendeten Adlerfarn in Staudengärtnereien erhalten und bei sich anpflanzen, wie wir das ja auch mit anderem Grünzeug zu tun pflegen. Da diese Gewächse eine gewisse Giftigkeit besitzen – vor allem die Sporen –, vermeidet man besser ei-

Nicht jede frühe Wirsing-Sorte ist gleich gut zum Überwintern geeignet, deshalb mit mehreren Sorten experimentieren.

Ernten und Aufbewahren

ne Berührung der Nahrungsmittel mit ausfließendem Pflanzensaft von Farnen. Eine Lage Seidenpapier zwischen Obst und Gemüse und Farn müßte eigentlich reichen. Außerdem muß man unbedingt darauf achten, daß nur Farnkraut verwendet wird, das noch keine Sporen gebildet hat.

Lange Freude an schönen, reifen und aromatischen Tomaten

Das wünscht sich so mancher Freund dieser wunderbaren roten Früchte. Hat man nun im Oktober, wenn die ersten Nachtfröste zu befürchten sind, noch eine große Menge Tomaten an den Stöken, lassen sich diese auf folgende Weise vor Frost schützen und ideal nachreifen: Man legt die Pflanzen um, auf ein untergelegtes Brett oder eine flache, umgekippte Kiste. Darüber kommt ein entsprechend großer Frühbeet- oder Wanderkasten. Über Nacht zusätzlich mit Decken oder Strohmatten abgedeckt, sind die Tomaten vor Frost sicher, und die so nachgereiften Früchte sind viel aromatischer als die halbreifen, ins Haus geholten. Na, wem ist es die Mühe nicht wert?

Besonders aromatisch sind die auf dem Beet nachgereiften Tomaten.

Schwarzwurzeln mit Samthandschuhen anfassen?

Ganz so heikel ist es wohl nicht mit den schwarzen Wurzeln. Indes beim Ernten, so die gutgemeinte großväterliche Mahnung, sollte auf jeden Fall Vorsicht höchster Güte obwalten und jegliche Verletzung vermieden werden. Aus einer beschädigten Wurzel kann der Pflanzensaft herausfließen: Sie dürfte geschmacklich verlieren, und vor allem würde die Lagerfähigkeit darunter leiden.

Eine vergleichsweise erfreulich risikoarme Technik, mit deren Unterstützung das Wurzelgemüse aus dem Gartenboden in die Küche zu bekommen ist, besteht darin, parallel zu den Reihen jeweils einen Graben von mindestens Schwarzwurzeltiefe zu ziehen. Von der gegenüberliegenden Seite aus sticht man mit dem Spaten tief ein und kann dann die Wurzeln in den Graben drük-

Mit dem Erntegraben ist die Gefahr gering, daß die empfindlichen Schwarzwurzeln bei der Ernte brechen.

ken, ohne ihnen dabei auf gefährliche Weise nahezutreten.
Eine risikoarme Technik in diesen Zeiten, wo gibt's das schon?!

Frischhaltefolie? Pflaumen und Zwetschen kommen ohne aus

Pflaumen und Zwetschen lassen sich drei bis vier Monate frischhalten! Ohne Plastik. Wenn sie luftdicht aufbewahrt werden. Die für die Aufbewahrung vorgesehenen Früchte erntet man an einem trockenen Tag, wobei darauf zu achten ist, daß sich die Stiele noch nicht lösen und mitgepflückt werden. Nun werden die Früchte einige Tage an einem luftigen Ort zum Ausdünsten ausgebreitet. In einem dichtschließenden Gefäß schichtet man die Früchte in Weizenmehl so auf, daß sie sich gegenseitig nicht direkt berühren und schließt das Gefäß. Die Früchte können portionsweise entnommen werden. Vor dem Verzehr wird das Mehl abgewaschen, die Früchte werden für kurze Zeit in einem Sieb über einen Topf mit kochendem Wasser gehalten. Der Dampf soll die Früchte dabei lediglich zart anhauchen. Nach der Behandlung schmecken die Pflaumen und Zwetschen wie frisch gepflückt. Diese gewitzten Großeltern, was sie nicht alles rumzauberten!

Lagerkartoffeln

Mit den Lagerkartoffeln ist das doch immer wieder so eine Sache. Aber man ist ja erfinderisch. Zum Beispiel kann etwas für eine größere Beständigkeit der Geschmacksqualität getan werden.
Lagerkartoffeln bleiben, alten Rezepten zufolge, schmackhaft, wenn sie den Winter über auf Holzkohlenstückchen gelagert werden. Haben wir nun nicht

Ernten und Aufbewahren

schon alle Holzkohle für Grillfeten und Zwiebelfliegen-Vertreibungsaktionen aufgebraucht, bietet sich diese Maßnahme an. Die Kartoffeln sollten dazu etwa handhoch auf der Holzkohle gelagert sein. Außer auf den Geschmack hat die Holzkohle noch einen weiteren positiven Effekt: die tollen Knollen keimen später.

Freunde von Lagerobst aufgepaßt: Reifen steckt an!

Möchte man Gaumen und Vitaminhaushalt mit verschiedenen Apfelsorten, die man den Winter über lagern will, verwöhnen, so muß man zwischen Herbstsorten (sind bis etwa Dezember lagerfähig) und Wintersorten (sind bis ins Frühjahr hinein haltbar) unterscheiden. Diese beiden Gruppen sollten niemals zusammen in einem Raum gelagert werden. Äpfel scheiden während des Reifevorgangs nämlich ein Gas (Äthylen) aus, das auch die Reifung des umliegenden Obstes anregt. Liegt das Winterobst neben den früher reifenden Herbstsorten, hält sich jenes dann nicht wesentlich länger als dieses, und man müßte doppelt so schnell den ganzen schönen Vorrat verputzen. Könnte vielleicht auch Spaß machen, käme wahrscheinlich auf die Menge an.

Ist der Kellerraum zum Lagern geeignet?

Ob zuviel Äthylen (siehe auch Tip vorher) im Raum ist, soll sich mit Nelken – den Blumen – hervorragend testen lassen. Zwei bis drei dieser Vasenschönheiten legt man in den Kühlschrank und ebenso viele in den vorgesehenen Lagerraum. Sind die Nelken in diesem Raum schon nach drei bis fünf Tagen welk (im Gegensatz zu denen im Kühlschrank), läßt sich das Obst im Keller nicht gut lagern.

Wetter und Mondstand bei der Ernte und Art der Lagerung beeinflussen die Haltbarkeit des Obstes entscheidend.

Ernten und Aufbewahren

Obstaufbewahrung ein bißchen mystisch

Sich in die Natur, in ihre Formen und Bewegungen einzufühlen und sie zu imitieren ist eine gute Grundlage für hilfreiche Einsichten in ihre Lebenslogik, die wir für unsere menschlichen Ansprüche gut nutzen können. Am besten werden die Äpfel und Birnen so gelagert, daß der Stiel nach oben gerichtet ist, denn die Früchte werden in der Regel schon vor der Reife gepflückt und sollten in ähnlicher Lage, wie sie am Baum normalerweise reifen, aufbewahrt werden.
Soll das Obst längere Zeit im Lager möglichst unbeschadet weilen, so muß es bei heiterem Himmel und abnehmendem Mond gepflückt und auf den eigenen Blättern gelagert werden.

Für wertvolle Sorten lohnt sich die größte Sorgfalt bei der Lagerung.

Obst in Holzkisten

Wer kleine Holzkisten oder -fässer mit gut schließendem Deckel herumstehen hat, kann diese mitunter einer sinnvollen Verwendung zuführen, zur Lagerung des Winterobstes zum Beispiel. Geeignet sind die Spätsorten von Äpfeln und Birnen. Vor dem Einlagern wird das Obst ein bis zwei Wochen flach in einem trockenen Zimmer ausgebreitet, zum »Ausschwitzen«.
In die Lagerkisten streut man unten eine Schicht trockenen Sand, darauf kommt eine Schicht Früchte, die einzeln in Papier zu wickeln sind. Jetzt folgt wieder eine Schicht trockener Sand und so weiter, bis das Faß voll ist, letzte Schicht: Sand. Nun werden die Behälter gut verschlossen, trocken und kühl, jedoch unbedingt frostgeschützt aufbewahrt. Der Inhalt der einzelnen Gefäße sollte so bemessen sein, daß man ihn, ohne arges Bauchgrimmen befürchten zu müssen, nach dem Öffnen alsbald aufnaschen kann.

Der Extratip: Weisheiten aus dem Gartenalltag unserer Vorfahren

Miniflaschengarten – eine Geschenkidee besonderer Art

Ob wir uns nun selbst diese nette kleine Freude machen wollen oder einem andern lieben Menschen, so geht man die Sache jedenfalls an: Ein kleines, klares Glasgefäß wird zu einem Drittel mit sandiger Erde oder Kakteenerde gefüllt. Diese gut anfeuchten und oben einige Kakteensamen streuen. Das Gefäß wird schließlich dicht verschlossen, am besten mit einem versiegelten Korken. Dann wird das Glas in die Sonne gestellt. Die Kakteen, die nach etwa vier Wochen keimen, können zwei bis drei Jahre in dem verschlossenen Glas verbleiben und werden währenddessen etwa daumennagelgroß. Bestimmt eine überraschende Geschenkidee, auf die man ohne Großvater-Buch erst einmal kommen müßte, was uns ja zum Glück nicht sorgen muß.
Sollen die Kakteen irgendwann umgepflanzt werden, müssen sie ganz behutsam an die Außenluft gewöhnt werden. Zu diesem Zweck empfiehlt es sich, die Pflanzen die erste Zeit weitgehend unter umgestülpten Gläsern zu halten. Hinter manch einer stachligen Haut verbirgt sich eben auch zugleich ein zartes Pflanzenseelchen.

Die Kakteenlandschaft im geschlossenen Glas kommt zwei bis drei Jahre ohne Gießen aus.

Schilfkolben konservieren

Für große Trockensträuße nimmt man gerne die beliebten Schilfkolben. Diese halten länger und platzen nicht auf, wenn man sie in Zuckerwasser getaucht hat (etwa drei Eßlöffel Zucker für einen Liter Wasser).

Potpourri aus Duft und Farben

Ein schöner alter Brauch ist es, Kräuterpotpourris zusammenzustellen und sich auf diese Weise die Zauberwelt der Wohlgerüche und Farbenpracht aus freier Natur ins Haus zu holen.
Für die Herstellung eines Duft-Potpourris besorgt man sich sowohl intensiven Wohlgeruch ausströmende wie auch farblich betörende Blütenblätter und Kräuter. Ergänzt wird das Gemisch mit Stückchen von Orangen- oder Zitronenschale; auch Zimt und Nelken können, je nach Vorliebe, zur Abrundung der individuellen Komposition beigegeben werden. Je schonender und zugleich schneller einem das Trocknen der Blüten und Kräuter an möglichst dunklem Ort gelingt, desto intensiver wird der festgehaltene Duft- und Farbgehalt sein. Ideal wäre ein entsprechender Trockenschrank für derartige Zwecke, aber auch im gewöhnlichen Backofen läßt sich bei 70–100 °C die notwendige Konservierung vornehmen.
Das fertige Duft- und Farbengemisch wird in flache Schüsseln gefüllt. Um möglichst lange Zeit etwas vor allem von den Düften zu haben, sollte man die Schüsseln in jenen Räumen abdecken, in denen sich gerade niemand betören läßt. Läßt nach einer Weile der Wohlgeruch nach, kann man mit Hilfe der inzwischen in fast jedem Naturkostgeschäft erhältlichen ätherischen Öle eine Wiederbelebung einleiten. Etwa 50 Tropfen über die Mischung verteilt geträufelt reichen wieder für etliche Wochen Sinneszauber aus tausend und einem Garten.

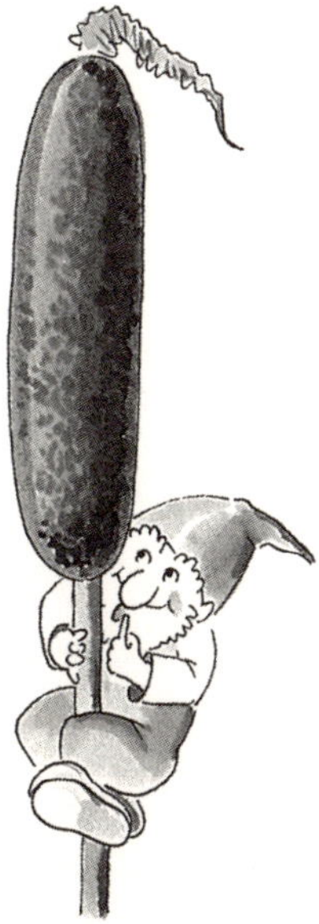

Rationelle Rhabarbertreiberei

Wer seine Rhabarberpflanzen im Herbst teilt, hat oft noch einige Wurzelstücke übrig. Nun hat man die Wahl: entweder auf den Kompost damit oder für die Treiberei verwenden. Im letzteren Fall kommen die »Reste« in den Keller. Man schlägt sie in feuchtem Rindenhumus ein, stellt sie mäßig kühl und dunkel auf und hat dann im Frühjahr schon sehr früh zarte Rhabarberstiele zum Ernten.

Extratips

Haltbarmachung von Holzbehältern

Holzfässer und -kästen, die als Pflanzgefäße oder als Jauche- und Regenfässer genutzt werden, halten länger, wenn sie innen angeschwelt sind. Dazu werden die Innenflächen der Gefäße mit Brennspiritus angefeuchtet, anschließend die Gefäße schnell auf die Seite gelegt und mit zusammengeknülltem Papier, Holzwolle oder ähnlichem gefüllt. Nach dem Anzünden (unbedingt größeren Abstand halten, z. B. langen Stock verwenden!) darauf achten, daß die Innenflächen gleichmäßig anschwelen, gegebenenfalls die Gefäße wenden. Anschwelen soll man nur absolut trockene Gefäße. Bei feuchten besteht die Gefahr, daß sich das Holz verzieht, wodurch die Gefäße undicht werden würden. Aber damit Ihr's nur wißt, diesen Geheimtip rückte Großvater erst nach langem Drängeln raus und weil ihm hoch und heilig versprochen wurde, daß man alle notwendigen Sicherheitsmaßnahmen gründlichst zu treffen pflegt.

Viele schöne Ostereier und noch mehr

Als Hühnerhalter ist man ja sowieso Experte und weiß, daß das Federvieh im Frühjahr besonders fleißig legt. Hier vielleicht ein Tip zur Weiterbildung. Um die Legefreudigkeit noch etwas zu steigern, biete man den guten Tieren Grünes an. Dafür ist Schnitt- und Pflücksalat ideal geeignet. Beides läßt sich früh säen, rasch ernten und braucht kaum Platz. Zur Not tut's zu diesem Zwecke ein Platz im Halbschatten.

Alternative Beeteinfassung

Früher gehörten zum gepflegten Gärtnerton Beeteinfassungen unbedingt dazu, man hatte eben auch so seine unverzichtbaren Zwänge. Mit Vorliebe kam dafür niedrig wachsender Buchsbaum zur Anwendung. Allerdings, er hat auch unbestreitbare Nachteile. Der Strauch (oder kleine Baum) läßt sich mit dem Wachsen wahrlich Zeit, und die Hecken wurden mitunter lückenhaft. Dabei waren früher selbstverständlich bereits Alternativen bekannt. Der normale Gewürzthymian, kleinblättrig und wintergrün, ist ebenfalls was für's Auge, möchte man meinen, desgleichen Salbei, der auch viel Verwendung fand. Beide Kräuter lassen sich im Frühjahr beliebig zurückschneiden – und beide blühen. Thymian mit kleinen zartrosa

Seite 55:
Ob zum Lagern oder für den Sofortverzehr, zum Einmachen oder Rohessen, für jeden Zweck gibt es geeignete Sorten (siehe Seite 45). Hier einige Sorten aus Großvaters Garten: 'Roter Boskoop' (links oben), 'Ontario' (rechts oben), 'Champagner Renette' (unten).

Blütenkugeln. Salbei entweder in Rosa oder Blau an langen Rispen. Also durchaus was für die Ästheten unter uns. Und noch eins haben die Kräuter dem Buchsbaum voraus: Sie lassen sich als Gewürz und als Tee nutzen. Ein weiterer Pluspunkt kann zugunsten der trefflichen Kräuter ins Feld geführt werden, nämlich ihr günstiger Preis. Sie lassen sich aus Samen problemlos selber ziehen. In grauer Vorzeit konnte man Buchsbaum zwar gleichfalls günstig meterweise beziehen. Heutzutage bekommt man jede Pflanze einzeln vorgerechnet, und wie sich das mit Schmuck so verhält, er ist nicht gerade billig.

Was beim Säen hilft

Beispielsweise eine ganz normale Flasche; als Sähilfe für feinstkörnige Saaten wie Möhren stellt sie nicht das schlechteste Mittel zum Zweck dar. So wird das Stück Glas zum Werkzeug: Für eine Weinflasche oder ähnliches, wird ein gut passender Korken derart durchbohrt, daß ein dünner Strohhalm durchgesteckt werden kann. In die Saatflasche wird das Saatgut, das noch 1:1 mit Sand gemischt ist, eingefüllt. Nach der gerade beschriebenen Spezialverkorkung wird dann das Saatgut durch den Strohhalm sparsam und gleichmäßig in die Saatrillen rieseln. In jeder Hinsicht eine rationelle Methode: Man spart nicht nur Saatgut, sondern auch späteres Vereinzeln.

Einfach herzustellen: die Säflasche für feine Saaten.

Seite 56:
Links oben: Es gibt viele Methoden, Erdflöhe von ihrem Lieblingsessen, den Kreuzblütlern, fernzuhalten. Einige finden Sie auf Seite 27f.
Rechts oben: Drahtwürmer können besonders im Salatbeet lästig werden. Ein Trost: Sie lassen sich leicht ködern (siehe Seite 29).
Unten: Schwarzwurzeln sollten unverletzt geerntet werden, dazu der Tip auf Seite 48f.

Extratips

Insektenstiche ...

... stecken wir schon meistens ohne großes Gejammer weg, sie haben jedoch nicht selten recht unangenehme Folgen. Das kann von nervendem Juckreiz bis zu starken Schwellungen reichen. Aber gegen jedes Übel ist ja bekanntlich ein Kraut gewachsen, so auch dafür. Das Kraut, das also extra gegen die unangenehmen Folgewirkungen der elenden Insektenstecherei gewachsen ist, heißt Spitzwegerich. Im Falle eines Falles soll man die Einstichstelle so schnell wie möglich mit Spitzwegerich einreiben. Damit der Saft auch an die Haut kommt, am besten die Blätter vorher zerkleinern, notfalls reißen. Wer Spitzwegerich nicht im Garten hat, kann sich im Fachhandel Samen besorgen oder ihn bestellen (siehe Bezugsquellenverzeichnis, Seite 67f.). Solche kleinen Erste-Hilfe-Aktionen ersetzen selbstverständlich nicht den Gang zum Arzt, wenn Zweifel an der Harmlosigkeit der Verletzung bestehen.

Blumen zu spät in die Vase bekommen?

Zum Ausprobieren: Sind die Schnittblumen nicht schnell genug in die Vase gekommen und schon etwas angewelkt, sollte man ihnen noch eine Chance geben und einen Wiederbelebungsversuch starten. Dazu werden die Stiele bis zu einem Drittel in kochend heißes Wasser gestellt. Während das Wasser abkühlt, richten sich die Blumen mit etwas Glück wieder auf. Die abgebrühten Teile der Stiele werden anschließend abgeschnitten und der gerettete Strauß in seiner Vase mit frischem Wasser begrüßt.

Schnittblumen fit halten

Schnittblumen bleiben länger frisch, wenn Roter Fingerhut mit in der Vase steht. Gehören Narzissen mit in einen Strauß, lasse man diese zunächst separat für etwa zwei Stunden in einem wassergefüllten Gefäß stehen. Narzissen besitzen einen Wirkstoff, der andere Blumen in der gleichen Vase zum schnelleren Welken bringt. Nach den »Entgiftungsstündchen« dürfen die Narzissen mit in den Strauß, ohne daß man nochmals die Stiele angeschnitten hat. Vielleicht sind sie ja ein bißchen eifersüchtig, die Narzissen.

Tip für Erbsenzähler

Erbsenkäfer, die sich in die Trockenerbsen gebohrt haben, können einem wahrlich den besten Appetit verderben. Wenn man nun sehr an den eigenen, befallenen Erbsen hängt, sollte man sich ruhig die Mühe machen, diese käferfrei zu bekommen. Dafür legt man die Erbsen zunächst für einige Tage in einen warmen Raum. Die Käfer sind herausgekrochen und können nun durch Absieden von den Erbsen getrennt wer-

den: Die Erbsen in einen Durchschlag schütten und mit kochendem Wasser übergießen. Wem sein guter Appetit über alles geht und um sicher zu gehen: Prozedur nach weiteren acht Tagen Aufbewahrung in einem warmen Raum wiederholen.

Maurerpinsel gegen Gartenspritze

Damit soll nicht gegen all die anständigen Gartenspritzen, die brav und zuverlässig ihre Arbeit verrichten, aufgewiegelt werden. Aber für kleine, besonders klitzekleine Gärten lohnt sich die Anschaffung nicht unbedingt. Da kann man Spritzflüssigkeiten aller Art auch mit einem Maurerpinsel ganz gut auf die Pflanzen verspritzwedeln.

Gartengeräte pflegen bringt Segen

Es lohnt sich, die Gartengeräte immer in gutem Zustand zu halten; sie halten länger, und die Arbeit mit gereinigtem, intaktem Werkzeug geht einfach besser von der Hand. Werden die Gartengeräte im Spätherbst nach den letzten Gartenarbeiten weggestellt, sollte man vorher den Zustand überprüfen. Alle Roststellen entfernen und die Geräte einfetten, damit sie über Winter nicht rosten. Dazu muß man kein teures Fett kaufen. Bestens eignet sich auch Speckschwarte zum Einreiben.

Naturbarometer

Es geht gelegentlich auch ohne High Tech. Wem es nach einer Alternative zum Wetterbericht aus Funk und Fernsehen verlangt, kann sich eine basteln: Von einem dürren Fichtenwipfel (etwa

Das Fichtenbarometer zeigt Wetteränderungen schon einige Stunden vorher an.

einen Meter lang) werden alle Seitenäste bis auf einen entfernt. Der Stamm wird auf einer Seite so abgeplattet, daß er an einer Wand (Gartenhaus o. ä.) befestigt werden kann. Die abgeplattete Seite sollte sich seitlich und nicht gegenüber von dem stehengelassenen Ast befinden. Der Seitenast krümmt sich je nach zu erwartendem Wetter in Richtung nach unten oder oben. Der Ast zeigt die Wetterveränderung einige Stunden vorher an. Wird das Wetter schlecht, bewegt er sich himmelwärts, ist gutes Wetter zu erwarten, senkt er sich. Hat man einige Erfahrungen mit dem Fichtenbarometer gesammelt, kann man an der Wand Markierungen anbringen, die dem zu erwartenden Wetter entsprechen und in Konkurrenz zur amtlichen Wetterberichterstattung treten. Der Nachbar wird's vielleicht zu schätzen wissen.

Ein Naturkalender

Für den Frühlingsanfang hat der offizielle Kalender lediglich den 21. März anzubieten, jedes Jahr wieder, so was Stures. Die Natur weiß es besser. Ein Beispiel:
Der sogenannte Hochfrühling (Apfelblüte) beginnt in Deutschland je nach Lage etwa zwischen dem 10. April und dem 30. Mai, also in einer Zeitspanne von sechs Wochen. Damit man mit der Gartenarbeit nicht zu früh beginnt, kann man sich an bestimmten Naturerscheinungen, wie zum Beispiel Schneeglöckchen- oder Apfelblüte, orientieren. Aber nicht nur für das Frühjahr, auch für den Rest des Jahres kennt man solche Anhaltspunkte. Erstaunlich an der Beobachtung dieser Dinge ist, daß es sogar Unterschiede von bis zu zwei Wochen in benachbarten Gärten gibt!
Nur der Spätherbst beginnt tatsächlich in ganz Deutschland fast gleichzeitig, nämlich zwischen dem 10. und 20. Oktober.
Im Folgenden sind Regeln aus verschiedenen Quellen zusammengetragen, so daß einiges widersprüchlich erscheinen mag. Die Angaben sind also als Anhaltspunkte für Gartenfreunde sinnvoll, die mitzudenken und beobachten gewohnt sind. So könnte sich jeder durch gründliches Hinschauen, Ausprobieren und Notieren mit der Zeit seinen persönlichen Naturkalender zusammenstellen.

Regeln für das Frühjahr

Sind die Schneeglöckchen voll aufgeblüht, kann man mit den ersten Aussaaten und Pflanzungen im warmen Frühbeet beginnen.

Blüht der Huflattich, fängt die Zeit für das Freiland an: Schwarzwurzeln, Spinat, Puffbohnen, Möhren, Zwiebeln und Mairüben können ausgesät, Steckzwiebeln, Frühkohl und Schalotten gepflanzt werden. In schweren Böden sollte man damit aber warten, bis die Forsythien blühen.

Extratips

Wie auf der Zugvogeluhr abzulesen ist, kommen die ersten Vögel schon Mitte März aus dem Süden zurück. Die Nistgelegenheiten müssen dann schon bereitstehen.

Extratips

Werden Gemüseaussaaten erst dann vorgenommen, wenn der Wein Blätter hat, wachsen die Pflanzen rasch heran und können die vorgezogenen Saaten durchaus noch einholen.

Entfaltet die Stachelbeere ihre Blätter, fängt auch der Rasen wieder zu wachsen an. Dann können Kohl- und Salatsaaten im kalten Kasten vorgenommen werden.

Zur Zeit der Magnolienblüte droht bei klarem Himmel noch Nachtfrost. Empfindliche Pflanzen müssen geschützt werden.

Im Mai orientiert sich die Gartenarbeit an den Eisheiligen (12.–15.). Kohlarten, Porree, Kohlrabi, Wurzelgemüse und die verschiedenen Salate können vorher gesät und gepflanzt werden. Nach den Eisheiligen kommen auch empfindliche Kulturen wie Tomaten, Gurkengewächse und Bohnen ins Freiland.

Regeln für den Sommer

Blüht der Holunder, können Winterporree und Endivie ausgesät werden. Gepflanzt werden auch Winterkohl und verschiedene Salate.

Blüht das Johanniskraut, ist es Zeit, letzte Saaten von Möhren, Salat und Buschbohnen vorzunehmen.

Den Beginn des Hochsommers zeigen die Blüte der Madonnenlilie und die Reifung der Roten Johannisbeere an. Das Spätgemüse wie Chinakohl und Knollenfenchel wird ausgesät und der Grünkohl gepflanzt.

Blüht das Heidekraut und sind die Beeren der Eberesche reif, können Aussaaten für die Herbsternte von Feldsalat, Radieschen, Spinat und Herbstrüben in die Erde.

Die Goldrutenblüte gegen Ende des Sommers zeigt die Zeit für den Heckenschnitt an. Die Brutzeit der Vögel ist auch vorbei, so daß eventuell vorhandene Nester in der Hecke nicht mehr gefährdet sind.

Regeln für den Herbst

Spinat und Feldsalat für die Frühjahrsernte kann ausgesät werden, wenn Holunder- und Brombeeren reif sind. Um diese Zeit blüht auch die Herbstzeitlose. Jetzt gesteckter Knoblauch wächst besser als erst im Frühjahr in die Erde gebrachter.

Mit den ersten kalten Tagen ist zu rechnen, wenn die Zugvögel von Norden her über unsere Gärten fliegen.

Sind die Kastanien und Walnüsse reif, können erste Fröste auftreten. Frostempfindliche Pflanzen müssen geschützt werden, Einlagerungsgemüse kann aber noch im Garten bleiben.

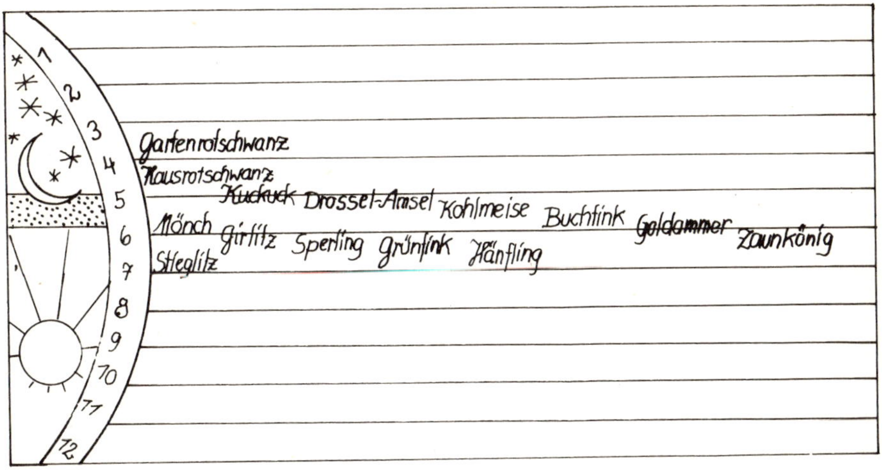

Verliert die Roßkastanie ihr Laub, wird der Garten für den Winter vorbereitet. Der letzte Rasenschnitt ist fällig. Wintergemüse kommt ins Vorratslager. Schwere Böden werden umgegraben, damit der Frost eindringen und die Erde lockern kann. Leichte Böden müssen nur gelockert und bedeckt werden.

Für Frühaufsteher und Nachtschwärmer: die Vogeluhr. Sie wurde im April 1934 in Westfalen aufgezeichnet und gibt die Durchschnittszeiten an. Für die Sommerzeit muß eine Stunde hinzugezählt werden (Quelle: Paul Neukirchen: Neuer Rat aus alten Regeln. Berlin 1947.)

Lostage und Spruchtage

Lostage sind die Tage des Jahres, an denen es sich empfiehlt, das Wetter genau zu beobachten, um so Hinweise auf die kommende Zeit zu erhalten. Der bekannteste Lostag ist der Siebenschläfertag (27. Juni). So wie das Wetter an diesem Tag ist, bleibt es sieben Wochen lang, sagt man. Einhundertjährige Aufzeichnungen bestätigen diese Tendenz, auch wenn es eben nicht in jedem Jahr stimmt.

Die Sprüche vermerken die Übergänge zwischen den Jahreszeiten oder geben Anweisungen für die Gartenarbeit. Beispiele: Nach Matthias geht kein Fuchs mehr übers Eis (24. 2.).

Die Lostage sind in der Regel nach den Heiligen benannt, die an diesem Tag ihren Namenstag haben. Wir haben das Datum in Klammern dahinter gesetzt.

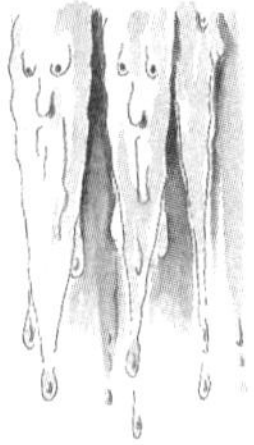

Extratips

Januar

Morgenrot am Neujahrstag,
Unwetter bringt und große Plag'.

Wenn Antoni (17. 1.) die Luft ist recht klar,
so gibt es gern ein trockenes Jahr.

Pauli (25. 1.) klar, ein gutes Jahr,
Pauli Regen, schlechter Segen.

Februar

Wenn es an Lichtmeß (2. 2.) stürmt und schneit,
ist der Frühling nicht mehr weit;
ist es aber klar und hell,
kommt der Lenz wohl nicht so schnell.

In anderen Gegenden gilt dieser Lichtmeß-Spruch:
Lichtmeß hell und klar
gibt ein gutes Kornjahr.

Sankt Eulalia (12. 2.) Sonnenschein
beschert viel Obst und Wein.

Hat Sankt Peter (22. 2.) das Wetter schön,
soll man Kohl und Erbsen säen.

März

Ist Kunigund (3. 3.) tränenschwer,
so bleiben leicht die Stadeln leer.

Auf Josef (19. 3.) klar,
folgt ein gutes Jahr.

Willst Gerste, Erbsen, Zwiebeln dick,
so sä' sie an Sankt Benedikt (21. 3.).

Ist an Ruperti (27. 3.) der Himmel rein,
wird er es auch im Juli sein.

April

An Franz und Paul (2. 4.)
rühren die Frösche wieder ihr Maul.

Vinzenz (5. 4.) Sonnenschein
bringt viele Körner ein.

Ist Georgi (23. 4.) warm und schön,
wird man noch rauhes Wetter seh'n.

Friert's in der Markusnacht (25. 4.) nicht,
schaden auch die Herbstfröst' nicht.

Mai

Regen in der Walpurgisnacht (1. 5.)
hat Keller und Tenne stets voll gemacht.

Wenn sich naht Sankt Stanislaus (7. 5.),
rollen die Kartoffeln 'raus.

Pankrazi (12. 5.), Servazi (13. 5.),
Bonifazi (14. 5.)
sind drei frostige Stazi,
und zum Schluß fehlt mir
die kalte Sophie (15. 5.).

Die Witterung an Sankt Urban (25. 5.)
zeigt des Herbstes Wetter an.

Extratips

Juni

Hat Medardus (8. 6.) am Regen Behagen,
will er ihn auch in die Ernte jagen.

Hat Margrit (10. 6.) keinen Sonnenschein, dann kommt das Heu nie trokken ein.

Ist Sankt Pauli (29. 6.) klar,
gibt es ein recht gutes Jahr.

Juli

Regnet's an unserer Frauen Tag (Maria Heimsuchung 2. 7.),
so regnet's nachher 40 Tag'.

Margaretenregen (20. 7.)
wird erst nach Monatsfrist sich legen.

Hundstage (23. 7. bis 23. 8.) hell und klar,
zeigen an ein gutes Jahr;
wenn Regen sie bereiten,
kommen nicht die besten Zeiten.

Werfen die Ameisen am Annatag (26. 7.) höher auf,
so folgt ein harter Winter drauf.

August

Je mehr Dominikus (4. 8.) schürt,
je ärger man im Winter friert.

Sankt Lorenz (10. 8.) mit heißem Hauch,
füllt dem Winter Faß und Schlauch.

Bartholomäus (24. 8.) hat das Wetter parat,
für den Herbst bis hin zur Saat.
Bleiben die Störche nach Sankt Bartholomä,
so tut der kommende Winter nicht weh.
Regnet's zu Bartholomä auf den Hut,
so wird der Herbst trocken und gut.

September

Gib' auf Ägiditag (1. 9.) wohl acht,
er sagt Dir, was der Monat macht.

Ist Regine (7. 9.) warm und wonnig,
bleibt das Wetter lange sonnig.

Sankt Gorgon (9. 9.) treibt die Lerchen davon.

Trocken wird das Frühjahr sein,
ist Sankt Lambert (17. 9.) klar und rein.

Tritt Matthäus (21. 9.) stürmisch ein,
wird bis Ostern Winter sein.

Ist Mauritius (23. 9.) ein klarer Tag,
der Winter drauf viel stürmen mag.

So viel Reif und Fröste vor Michaelis (29. 9.),
so viele nach Walburgis (25. 2.).

Oktober

Fällt das Laub auf Leodegar (2. 10.),
so ist das nächste ein fruchtbar' Jahr.

Regnet's am Sankt Gallentag (16. 10.),
ein nasses Frühjahr folgen mag.

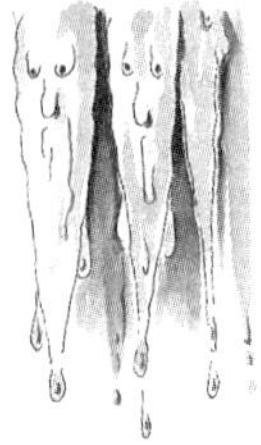

Extratips

Ist Lukas (18. 10.) mild und warm,
kommt ein Winter, daß Gott erbarm'.

Ist Simon und Juda (28. 10.) kein Wind
und Regen da,
so bringt ihn erst Cäcilia (22. 11.).

November

Ist der Martin (11. 11.) hell,
kommt der Winter schnell.

Sankt Elisabeth (19. 11.) sagt an,
was der Winter für ein Mann.

Wie Sankt Kathrein (25. 11.),
trüb und rein,
wird der nächste Hornung (Februar)
sein.

Friert es auf Virgilius (27. 11.),
im Märzen Kälte kommen muß.

Andreasschnee (30. 11.)
tut Korn und Weizen weh.

Dezember

Regnet's an Sankt Nikolaus,
wird der Winter streng und kraus.

Ist Sankt Lazar (17. 12.) nackt und bar,
so wird es ein gelinder Februar.

Hängt Weihnachten Eis an den Weiden,
kannst an Ostern Palmen schneiden.

Haben's die Unschuldigen Kinder
(28. 12.) kalt,
so weicht der Frost noch nicht so bald.

Anhang

Literaturverzeichnis

(Eine Auswahl verwendeter Literatur)

Becker-Dillingen: Handbuch des gesamten Gemüsebaus. Paul Parey, 1943

Johannes Böttner: Praktische Gemüsegärtnerei. Trowitsch & Sohn, 1901

Illustrierte Garten-Zeitung, Jahrgang 1858 und 1859

Paul F.F. Schulz: Häusliche Blumenpflege, Verlag von Quelle & Meyer, ca. 1900

Württembergisches Obstbuch, Selbstverlag des Württ. Obstbauvereins e.V., 1905

Th. Rümpler: Illustrierte Gemüse- und Obstgärtnerei. Berlin 1879

Max Hesdörffer: Praktisches Taschenbuch für Gartenfreunde. Berlin 1905

Ludwig Ankenbrand: Die Bekämpfung der Obstschädlinge. Jungbornverlag, 1912

Paul Neukirchen: Neuer Rat aus alten Regeln. Berlin 1947

Bezugsquellenverzeichnis

(Die Zusammenstellung erhebt keinen Anspruch auf Vollständigkeit.)

Obst

Brenninger
Hofstarring 57
21720 Steinkirchen

Peter Klock
Baumschulversand
Stutsmoor 43
22607 Hamburg

Herrmann Cordes
Lülanden 4
22880 Wedel/Holstein

Krämer
Baumschule
Bielefelder Str. 202-206
32758 Detmold

Baumschule Rinn
Heuchelheimer Str. 129
35398 Gießen

Bernhard Knipping
Baumschule
Hellweg 6
46499 Hamminkeln-Dingden

Anhang

Herr
Baumschule
Postfach 1229
53340 Meckenheim

Hans Bartsch
Baumschule
Nuthgottestr. 4
65366 Geisenheim

Baumschule Pfänder
Im breiten Löhle 18
72622 Nürtingen

Christoph Ulmer
Baumschule
Grabenstr. 34
73235 Weilheim/Teck

Wilhelm Hofmann
Baumschule
Hauptstr. 36
91094 Langensendelbach

Walter Scheuermann
Baumschule
Wertheimer Str. 5
97941 Tauberbischofsheim

Für Österreich:

Baumschule Dipl. Ing. Hauer
A-4760 Raab

Baumschule Johann Reisegger
A-4773 Eggerding

Baumschule Gustav Ranseder
A-4980 Antiesenhofen

Baumschulen für die Schweiz:

Flora Baumschulen AG
D. Grevsmühl
CH-8215 Hallau

T. Spreng
Baumschulen
Haldimoosstr. 22
CH-4922 Bützberg

T. Suter
Baumschule
Pilgerstr. 67
CH-5405 Baden-Dättwil

F. Zemp
Baumschule
CH-6277 Kleinwangen

Bodenanalysen

In der Regel werden der pH-Wert und der Gehalt an den Hauptnährstoffen gemessen. Zusätzliche Untersuchungen sind aber nach Absprache möglich.
Die Adressen der staatlichen Untersuchungsstellen (LUFA) können bei den Gemeinden erfragt werden.

Private Institute

Bodenuntersuchungsinstitut
Koldingen
Holländerei 22
30982 Pattensen

Dr. Fritz Balzer
Oberer Ellenberg 5
35082 Wetter, Hessen

Anhang

Labor für Bodenmikrobiologie
Dr. Iris Grün-Wollny
Burggarten 9
35102 Lohra

Boden & Pflanze
Mooseurach 6
82549 Königsdorf

Labor für Umweltschutz und
chemische Analytik Dieter Immekus
Riedholz 46 a
88167 Maierhöfen

Für Österreich:

Bundesanstalt für Bodenwirtschaft
Abt. Bodenuntersuchung
Denisstraße 31–33
A-1200 Wien (20. Bezirk)

Höhere Bundeslehr- und
Versuchsanstalt für Gartenbau
Grünbergstr. 24
A-1131 Wien-Schönbrunn

Landwirtschaftlich-chemische
Versuchsanstalt
Wieninger Str. 8
A-4020 Linz

Landwirtschaftlich-chemische
Versuchsanstalt
Rotholz
A-6200 Jenbach/Tirol

Landwirtschaftlich-chemische
Versuchs- und Untersuchungsanstalt
Burggasse 2
A-8020 Graz

Für die Schweiz:

Eidgenössische Forschungsanstalt
für Obst-, Wein- und Gartenbau
Bodenlabor
CH-8820 Wädenswil

Wild- und andere Kräuter

Peter und Monika Klock
Postfach 52 06 04
22607 Hamburg

Scherneck-Heilpflanzen
Lanzenhainer Str. 5
36369 Lautertal

Blauetikett Bornträger GmbH
Postfach 130
67591 Offstein

Dieter Köhler
Rainerstr. 4
83104 Tuntenhausen

Anhang

Register

Anhang

Gärtnern mit Lust und Liebe

Das Umgehen mit Pflanzen macht Spaß, entspannt und ist dabei interessant und lehrreich. Was gibt es Schöneres, als Selbstgepflanztes wachsen und blühen zu sehen. Lassen Sie sich zur Gartenlust anregen: Ihre Kosmos-Ratgeber machen es Ihnen mit praktischen Tips und Tricks leicht.

Helmut Jantra
Gartenteiche gestalten
15 attraktive Gestaltungsideen – vom Miniwassergarten bis zur Anlage eines Bachlaufs.
72 Seiten, kartoniert
ISBN 3-440-06490-5

Susanne Bruns
100 Tips für naturgemäßes Gärtnern
Der praktische Ratgeber für natürliche Gartenpflege.
72 Seiten, kartoniert
ISBN 3-440-06337-2

Helmut Jantra
Steingärten und Trockenmauern
Ein Buch voller Ideen und Anregungen für den eigenen Garten.
72 Seiten, kartoniert
ISBN 3-440-06586-3

Gerhard Thinnes
Obstgehölze schneiden
Viele Tips und Ratschläge zum richtigen Umgang mit Schere und Säge.
71 Seiten, kartoniert
ISBN 3-440-06335-6

Kurt Henseler
Gesunde Zimmerluft durch Pflanzen
Mit Pflanzen besser leben. Wie Pflanzen zu einer besseren Raumluft beitragen können.
72 Seiten, kartoniert
ISBN 3-440-06491-3

Natürlich gesund:
Pflanzen in Haus und Garten

Überall wo's Bücher gibt.

franckh kosmos

Franckh-Kosmos
Stuttgart